百世范模

林廷瓛

吴川市霞街社区居委会　编

林昌福　林卓才　主编

南方日报出版社
NANFANG DAILY PRESS
中国·广州

图书在版编目（CIP）数据

百世范模林廷瓛 / 林昌福，林卓才主编. — 广州 :南方日报出版社，2019.5

ISBN 978-7-5491-1988-2

Ⅰ. ①百… Ⅱ. ①林… ②林… Ⅲ. ①林廷瓛－传记 Ⅳ. ①K827=48

中国版本图书馆 CIP 数据核字(2019)第 052670 号

BAISHI FANMO LINTINGXIAN

百世范模林廷瓛

主　　编：林昌福　林卓才
出版发行：南方日报出版社
地　　址：广州市广州大道中 289 号
出 版 人：周山丹
责任编辑：吴　蓉
装帧设计：肖晓文
责任技编：王　兰
责任校对：裴晓倩
经　　销：全国新华书店
印　　刷：广东信源彩色印务有限公司
开　　本：889mm×1194mm　1/32
印　　张：3.625　　彩插：0.375
字　　数：69 千字
版　　次：2019 年 5 月第 1 版
印　　次：2019 年 5 月第 1 次印刷
定　　价：43.00 元

投稿热线：（020）87360640　　读者热线：（020）87363865

林廷瓛画像

陈白沙赠林廷瓛的中堂

林廷瓛用过的浴盘

乡贤林公祠

吴川市霞街林族为纪念林廷瓛修建的乡贤桥。背景为乡贤林公祠

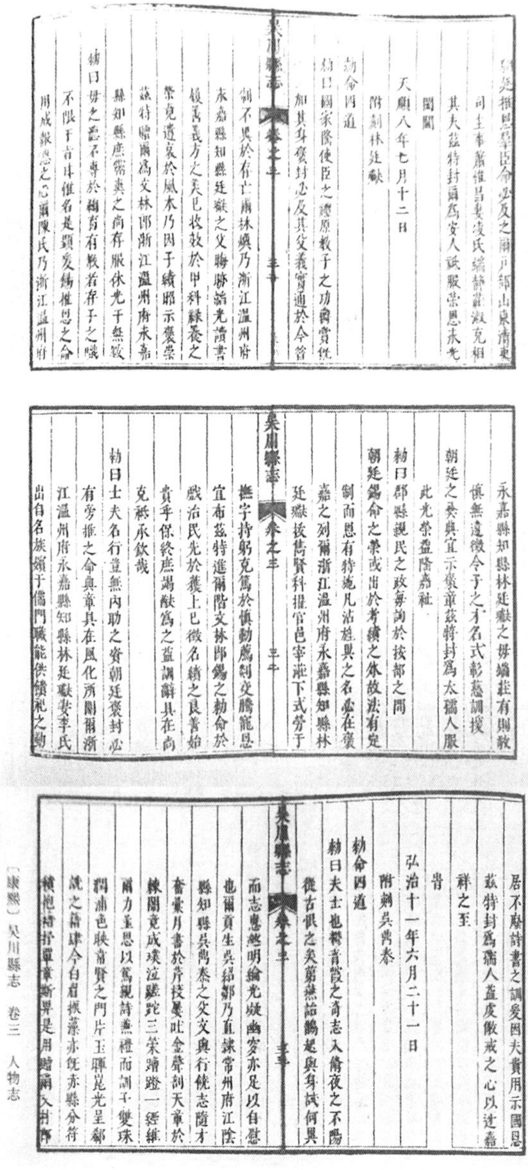

朝廷推恩羣臣命必及之爾戶部山東清吏
司主事蕭惟昌妻凌氏端靜莊淑克相
其夫茲特封爾為安人祇服榮恩永光
閨閫
天順八年七月十二日
附刻林廷獻
勑命四道
勑曰國家隆使臣之禮原教子之功爵賞既
加其身褒封必及其父義實通於今昔
吳川縣志 卷之三 三十
制不異於存亡爾林璵乃浙江溫州府
永嘉縣知縣廷獻之父晦跡韜光讀書
積善義方之美已收效於甲科祿養之
榮竟遺哀於風木乃因子績昭示褒崇
茲特贈爾為文林郎浙江溫州府永嘉
縣知縣庶幾典之尚存服休光于無斁
勑曰母之慈不專於鞠育有教若存子之[illegible]
不限于古往惟名是顯爰錫推恩之命
用成報德之心爾陳氏乃浙江溫州府

永嘉縣知縣林廷獻之母端莊有則教
愼無違徵令子之才名式彰慈訓援
朝廷之彝典宜示褒章茲特封爲太孺人服
此光榮益隆壽祉
勑曰郡縣親民之政每詢於按部之間
朝廷錫命之榮或出於考績之休故法有定
制而恩有特施凡沾膺異之名必在褒
嘉之列爾浙江溫州府永嘉縣知縣林
廷獻拔雋賢科擢官邑宰澁下式勞于
吳川縣志 卷之三 三十一
撫字持躬克篤於愼勤應制交騰寵恩
宜布茲特進爾階文林郎錫之勑命於
戲治民先於獲上已徵名績之良善始
責乎保終庶竭猷爲之益訓辭具在尚
克祇承欽哉
勑曰士夫名行豈無內助之資朝廷褒封必
有旁推之命典章具在風化所關爾浙
江溫州府永嘉縣知縣林廷獻妻李氏
出自名族嬪于儒門職能供饋祀之勤

居不廢詩書之訓爰因夫貴用示國恩
茲特封爲孺人益虔儆戒之心以迓蕃
祥之至
昔
弘治十一年六月二十一日
附刻吳禹泰
勑命四道
勑曰夫士也懷青紫之奇志入脩夜之不陽
從古與之矣萬燕詒鵲起與身試何異
吳川縣志 卷之三 三十二
而志惠然明綸光焕幽穸亦足以自慰
也爾貢生吳紹鄒乃直隸常州府江陰
縣知縣吳禹泰之父文與行俱志隨才
奮彙月書於芹校屢吐金聲割天章於
棘闈竟成璞泣蹬跎三策蹭蹬一經維
爾力圭恩以篤規詩燕禮而訓子雙珠
潤浦色映前賢之門片玉聯崑光呈鄰
號之篇肆今白首振藻亦既赤縣分符
績袍補拾單章斷界是用贈爾文林郎

〔康熙〕吳川縣志 卷三 人物志

清康熙八年（1669）《吴川县志》明孝宗敕命四道

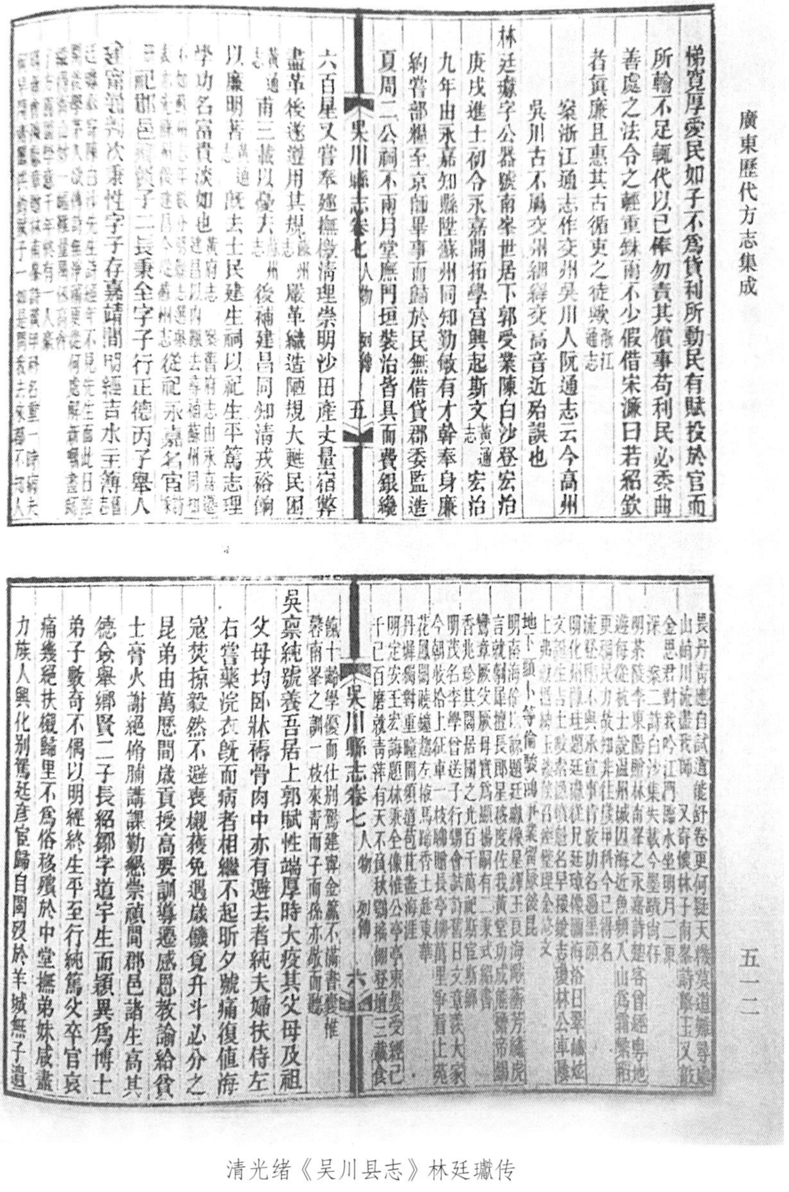
廣東歷代方志集成　五一二

悌寬厚愛民如子不爲貨利所動民有賦役於官而
所輸不足輒代以已俸勿責其償事苟利民必委曲
善處之法令之輕重銖兩不少假借宋濂曰若紹欽
若貧廉且惠其古循吏之徒歟（浙江通志）
案浙江通志作交州吳川人阮通志云今高州
吳川古不屬交州紹釋交高音近殆誤也
林廷瓛字公器號南峯世居下郭受業陳白沙登宏治
庚戌進士初令永嘉開拓學宮興起斯文（黃通志）宏治
九年由永嘉知縣陞蘇州同知勤敏有才幹奉身廉
約嘗部糧至京師畢事而歸於民無借貸郡委監造
夏周二公祠不兩月堂廡門垣裝治皆具而費銀纔

吳川縣志卷七　人物　列傳　五

六百星又嘗奉巡撫傍清理崇明沙田產丈量宿弊
盡革後遂遵用其規（蘇州志）嚴革織造陋規大甦民困
（黃通志）甫三歲以疾去（蘇州志）後補建昌同知清戎裕餉
以廉明著（黃通志）既去士民建生祠以祀生平篤志理
學功名富貴淡如也（黃府志）
祀郡邑鄉賢子二長秉全字子行正德丙子舉人
寵翰次秉性字子存嘉靖間明經吉水主簿（舊志）

吳稟純號養吾居上郭賦性端厚時大疫其父母及祖
父母均臥牀褥骨肉中亦有避去者純夫婦扶侍左
右嘗藥浣衣既而病者相繼不起昕夕號痛復值海
寇焚掠毅然不避喪櫬獲免遇歲饑覓升斗必分之
昆弟由萬歷間歲貢授高要訓導遷感恩教諭給貧
士膏火謝絕脩脯講課勤懇崇禎間郡邑諸生高其
德僉舉鄉賢二子長紹鄒字道宇生而穎異爲博士
弟子數奇不偶以明經終生平至行純篤父卒官哀
痛幾絕扶櫬歸里不爲俗移殯於中堂撫弟妹咸盡
力族人輿化別駕廷彥官歸自閩歿於羊城無子遺

吳川縣志卷七　人物　列傳　六

清光绪《吴川县志》林廷瓛传

題特思山　　林廷巘

嶺海撐持有此山，孤高形著兩儀閒。烟霞凈盡人爭見，風日晴和我正攀。青則芙蓉天不改，罥於車蓋世應難。特思時渴雲霓望，便作滂沱雨一番。

寄奉陳白沙先生　　林廷巘

經年不接先生面，此日誰開後學茅。久欲傳詩無凈稿，更從何處鮮新嘲。畫師縱得青山妙，一幅

難量萬仞高。會了方員畬學意，千年終有一人豪。

留別陳學之地官　　林廷巘

不久東坡別潁濱，草塘詩句夢中頻。帝京咫尺公回首，客路三千我望雲。旭日麗天初映北，朔風吹雪又濱紛。不知獨酌羔兒酒，可念同袍骨肉人。

喜治中門人王瓚中榜眼　　林廷巘

氣合貞元又丙辰，君家甲第聳青雲。由來名下無虛士，上苑相饒只一人。

二六一

清康熙二十六年（1687）《吴川县志》林廷巘诗

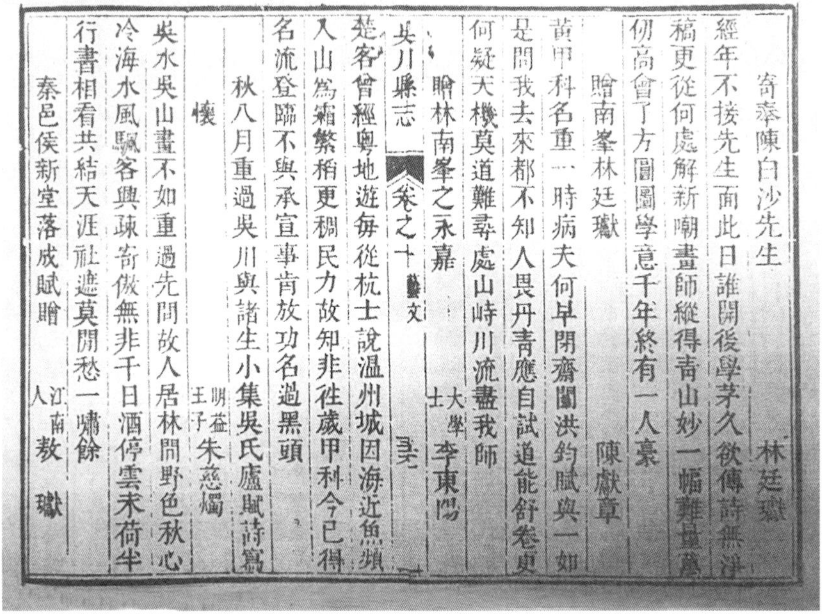
寄奉陳白沙先生　林廷瓛
經年不接先生面此日誰開後學茅久欲傳詩無浮
稿更從何處解新嘲畫師縱得青山妙一幅難描萬
仞高會了方圓圖學意千年終有一人豪
贈南峯林廷瓛　陳獻章
黃甲科名重一時病夫何早閉齋關洪鈞賦與一如
是問我去來都不知人畏丹青應自試道能舒卷更
何疑天機莫道難尋處山峙川流盡我師
贈林南峯之永嘉　大學士　李東陽
吳川縣志　卷之十　藝文　三七
楚客曾經粵地遊每從杭士說温州城因海近魚頻
入山爲霜繁稻更稠民力故知非往歲甲科今已得
名流登臨不與承宣事肯放功名過黑頭
秋八月重過吳川與諸生小集吳氏廬賦詩寫
懷　明益王子　朱慈燭
吳水吳山畫不如重過先問故人居林問野色秋心
冷海水風飄客興疎寄傲無非千日酒停雲未荷半
行書相看共結天涯社遮莫閒愁一嘯餘
秦邑侯新堂落成賦贈　江南人　敖瓛

清道光《吴川县志》陈献章、李东阳、林廷瓛诗

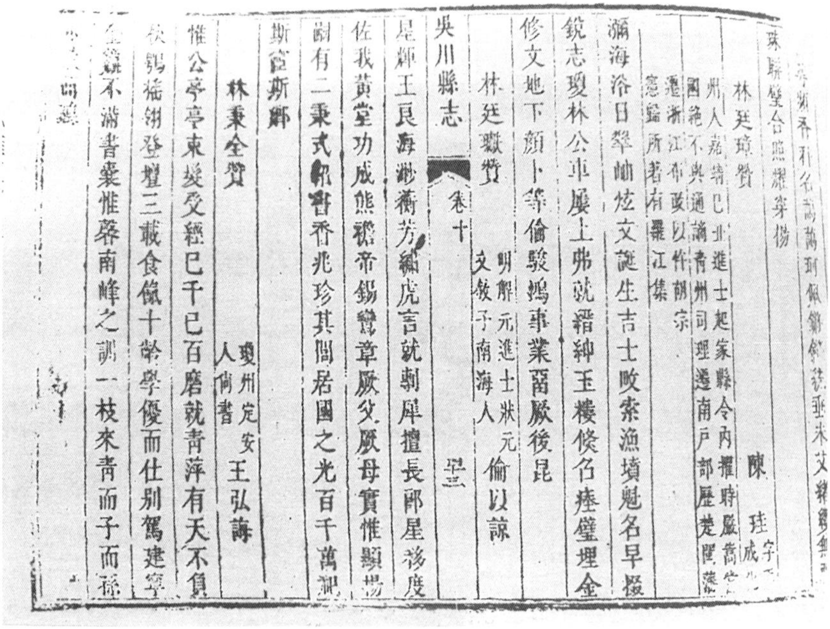

清雍正《吴川县志》伦以谅题林廷瓛赞

前 言

林廷瓛，状元林召棠称其为“百世范模”，翰林陈兰彬称其为“南国伟人”。

岭南地灵人杰，英才辈出。但从粤西地区来说，“由于开发较迟，交通不便，经济条件较差，所以文化的发展自然逊于发达地区”。而吴川却有“秀异人才”[1]。清乾隆辛酉（1741）科举人伍象两在《咏吴川》中吟道：“瑞气溢吴川，才人涌不完。千秋山秀丽，四季县娇妍。”[2] 由此可见，吴川是一个人才辈出的灵秀宝地。

在岭南大地，大教育家陈白沙等培养出不少优秀人才。科举时代，广东产生了许多进士及第的科举人才。南国人才在全国各地为官者，也有

---

① 罗志欢：《岭南历史文献》，广东人民出版社，2016 年版，第 120—121 页。

② 李欣主编：《吴川古今诗选》，中国华侨出版社，1999 年 12 月版，第 29 页。

不少由于政绩突出而成为名宦。南国人物，有少数由于特别德高望重而成为乡贤。

但是，既是白沙高足，又是进士及第，还入祀名宦、主祀乡贤者，能有几人？林廷瓛不仅集上述四者于一身，而且生前就被永嘉和建昌士民立生祠奉祀，成为一身祀于数祠者。享有“百世范模”“南国伟人”之美誉，林廷瓛当之无愧！

得到林召棠指教、身为陈兰彬学生的李小岩，曾代老师陈兰彬为主祀林廷瓛的乡贤林公祠写过对联，他还辅助老师重修《吴川县志》。在《高州府志》和《吴川县志》中都有不少关于林廷瓛的资料，这说明人们对林廷瓛一直怀有崇敬之情。到20世纪三四十年代，儿时的我们还都兴高采烈地参加过乡贤林公祠祭祖，但对先祖已经知之甚少了。经过半个世纪的沉浮与前进，历史出现了新的转机。1984年，国家档案局、教育部、文化部发出《关于协助编好〈中国家谱综合目录〉的通知》指出：“家谱是我国宝贵文化遗产中亟待发掘的一部分，蕴藏着大量有关人口学、社会学、民族学、民俗学、经济学、人物传记、家族制度以及地方史的资料，它不仅对开展学术研究有重要价值，而且对当前某些工作也起着很大作用。”于是，停歇近百年的《霞街林氏族谱》得以重修。在该族谱序中，我们指出：“修谱可以为增强中华民族凝聚力做贡献；为繁荣中华文化做贡献；为继承历史优良传统，建设繁荣、和谐家园做贡献。”在族谱以及族谱面世前霞街宗谱编委会编辑的两种《霞街风采》中，载有林亮德撰写的《明代进士名宦乡贤林廷瓛》，林杰如撰写的《明代名宦林廷瓛》，林召棠撰写的《南峰诗集序》，林羽骞收集的《南峰诗集》拾遗，陈白沙题赠林廷瓛的中堂，林召棠、陈兰彬、李小岩等为乡贤林公祠撰的楹联、匾额，以及林廷瓛用过的石盘、林廷瓛进士及第匾等文物的图片。《湛江日报》多次发表有关林廷瓛的文章，《林氏族谱》也载有林廷瓛画像，人们对林廷瓛的认识逐步加深。

现在，乡贤林公祠已经修建完成，人们更加希望相对全面、深入地了解廷瓛公的历史和他的历史地位、历史贡献，了解廷瓛公的文化遗迹和精神遗产，以增强我们的文化自信，弘扬乡贤公林廷瓛留给我们的诸多优良传统，特别是尊师重教、刻苦励志、仁义至善、清正廉明、勤政爱民、勇于担当、改革创新、谦虚包容、德化风行的精神，为在新时代培育出更多新乡贤，把我们的家园建设得更加美丽做贡献。

目录

一、百世范模

——林廷瓛传略 / 001

复杂的时代背景 / 003

地灵人杰的吴川 / 006

深厚的家学渊源 / 010

吴水岸边生秀木 / 013

江门名师育高徒 / 017

右军墨池子贱琴 / 020

走马苏建创新风 / 032

击玉敲金美诗章 / 035

年年香火祀乡贤 / 041

二、文光射斗

——林廷瓛的对联与诗歌 / 045

三、皇帝赠封
——明孝宗敕命四道 / 063

四、翰墨生辉
——明清名人的题赠 / 067

大儒陈献章赠诗 / 068
内阁首辅大臣李东阳赠诗 / 070
进士伦以谅赞 / 072
状元林召棠的序、传与对联 / 074
翰林陈兰彬的楹联与匾额 / 078
诗人李小岩的对联 / 081

五、诗书润泽
——林廷瓛对霞街林族的影响 / 083

秉全秉性续书香 / 085
连捷进士林闱阶 / 087
独占鳌头林召棠 / 101

后记 / 110

一、百世范模——林廷瓛传略

林廷瓛（1454—?），字公器，号南峰，世居广东吴川吴阳霞街（当时叫作下郭）。他是陈白沙先生的得意门生，追随白沙先生十年有余，养成崇高的道德气度和卓越的学识才干。明弘治三年（1490）考取进士，后出任浙江温州府永嘉县县令。到职后，拓展学宫，创办书院，推进德治，关注民生，政绩卓著，得到孝宗皇帝的封赠。不久，升任为江苏苏州府同知，在职期间，表现勤敏有才而且廉约奉公。他负责运粮到京师，顺利完成任务，也不增加百姓的负担。他监造夏周二公祠，不到两个月便完成，才花六百两银子。巡抚命他清理崇明沙，他革除旧时弊端，立下新规，后来都加以沿用。他还革除织造陋规，解决了百姓的困难。丁忧后，他任江西建昌府同知，负责清理驻军多余的军饷，减轻人民负担，当地士民建生祠奉祀他。他逝世后，入祀永嘉名宦祠、吴川乡贤祠，主祀霞街乡贤林公祠，有“百世范模”之美誉。

复杂的时代背景

林廷玉生活的时代，经历了明代宗、英宗、宪宗、孝宗、武宗诸朝。当时宦官弄权，官场黑暗，政局不稳，社会动乱，民族矛盾尖锐，民生问题甚多，明朝已经在走下坡路。先是宦官王振干政，结党营私，剪除异己，挑拨君臣之间、大臣之间的关系，操政控权，一改明朝鼎盛时期宣宗的正确政策，破坏了昔日的升平。民族矛盾激化，蒙古族瓦剌部乘机大举南犯，而王振又蛊惑挟持英宗亲征，自己却指挥失误，致使英宗在土木堡被俘，明朝五十万大军覆灭，是为“土木之变”。及至宪宗即位，一方面表现出政治开明，例如接纳地方官员对林廷玉的老师陈献章（即陈白沙）的举荐，给他封官，但陈献章最终难酬壮志，上《乞终养疏》，返乡侍奉母亲。宪宗另一方面却生活腐败，并重用太监汪直，为其设特务机构“西厂”，让其掌握军机大权，陷害忠良，祸害朝政，危害社会民生。

明朝在急剧下滑之时，也有一段回光返照。那就是孝宗继位，改号弘治。他选贤任能，广开言路，处置奸恶，清除积弊，减赋轻徭，保持社会安定。

故有史家认为，孝宗是明朝十六位皇帝中堪称有所作为的皇帝。可惜好景不长，自弘治八年（1495）起，他热衷于斋醮炼丹，少问国事。到了他晚年，朝政更加腐败不堪。林廷玉献正是在这一特殊的时间窗口中举并步入政坛。皇帝曾鉴于他在永嘉做出的突出贡献颁发四道敕命，分别表彰他和他的父亲、母亲以及妻子。

至于明朝的科举，也有一个曲折的过程。明初，承袭宋元科举制度。洪武三年（1370）下诏实行科考，经郡试选拔秀才，乡试录取举人。第二年举行会试选取贡士，然后进行殿试，录取进士，并将他们分为一甲、二甲、三甲。一甲三人，第一名为状元，第二名为榜眼，第三名为探花。可是到了洪武六年（1373），因科考录取的进士很多都缺乏实践经验，于是朱元璋叫停科举。后来经过十来年的探寻，也没有找到更好的选材之路。到了洪武十五年（1382）只好下诏恢复科举取士。洪武十七年（1384）礼部颁布了科举程式，规定“三年一大比”，明朝科举制度从此确立，明代历朝相沿。林廷玉献就是在这一制度下步入仕途的。明朝政治腐败，必然对科举产生影响。林廷玉献算是幸运的，考取了进士。他的老师陈献章虽然有才，而且德彰天下，却名落孙山。尽管如此，陈献章和他的学生还是为朝廷培养了许多科举人才，为国家贡献了不少栋梁。

岭南文化是林廷瓛成才的土壤。岭南文化有一个孕育、形成和发展的过程。按广东社科院二级研究员王杰博士的说法，明代之后，广东社会经济发展速度显著，书院如棋布，学术欣唱和，蔚成了体系独特的岭南地域文化。“有明一代文臣之宗”的丘濬以一部《大学衍义补》，数百万“治国平天下”之言，声播遐迩。江门学派之鼻祖陈献章，“以道为本”“以自然为宗”，倡“心俱万里”，于“静坐中养出端倪”，被称为“有明之学，至白沙始入精微”，饮“真儒复出”之誉[①]。陈献章是广东唯一一位从祀孔庙的大儒。他不但是一位卓有贡献的哲人，而且是一位杰出的教育家。正是陈献章开拓的书院教育，在岭南培养了一代代人才[②]。林廷瓛就是追随他十年的早期门人。大名鼎鼎的湛若水还得叫林廷瓛一声师兄。

---

① 王杰等:《广东历史人文资源探微》，环球文化传播有限公司，2006 年版，第 1 页。

② 黄明同:《明代心学宗师陈献章》，广东人民出版社，2005 年版，第 164 页。

地灵人杰的吴川

清举人伍象两认为，吴川“人才涌不完”，今人罗志欢说吴川“有秀异人才”。那么，在林廷𪩘那个时代，吴川是怎么一个情况呢？它的历史传统是怎样的呢？

吴川县之名，始于隋。历史上，吴川地在先秦属于百粤；秦平南越后，置桂林、南海、象郡，吴川地属象郡。西汉，属南越国。东汉、两晋称高凉县。宋、齐称平定县。梁陈时，属高兴郡。隋开皇九年（589），废高兴郡，置罗州，辖电白、石龙、吴川、海安四县，吴川县治始建，到现在已经有1400多年了。

然而，早在四千多年前的新石器时代，吴川这个地方就已经有人类生息活动。吴川长岐镇黎屋村南的梧山岭上的新石器时代贝丘遗址就是铁证。此遗址于1983年11月由县文物普查队发现，1984年6月至1986年6月经省、市文物专家两次复查核实确定。遗址面积357平方米，表土有大量蚬壳和海螺壳，文物层高1.1米，发现有陶器和石器。此外，吴川还有南蛇岭东汉生活遗址、大兜岭南朝村落遗址、奴岭东晋村落遗址、那良东村宋代贝丘遗址、丝茅岭宋代村落遗址。

到了明代，吴川经济繁荣，文化水平比较发达，也为人才成长提供了良好的土壤。吴川芷寮港成于元末，盛于明朝。清光绪《吴川县志》载："芷寮初属荒郊，居民盖草寮造纸于岭头，人目之曰纸寮。明万历间，闽广商船大集，创铺户百千间，舟岁至数百艘，贩谷米，通洋货。吴川小邑耳，年收税饷百千计，遂为六邑最。"吴川吴云家谱记载："始祖吴浩今，因仕途险恶，于明嘉靖间自福建迁居芷寮，弃官从商，货船往来东南亚及太平洋彼岸。"明代芷寮是福建、广州、潮州的大商船集散之地，十分繁华，有福州会馆、广州会馆、潮州会馆，还有两街三巷六行头，商贾云集，茶楼烟馆俱全[①]。吴川县城建设也颇具规模。明嘉靖《高州府志》载："吴川县城，洪武二十七年（1394）都指挥花茂具奏，钦差永定侯经画命千户侯徐本筑土城。永乐元年（1403）千户李忠甃以砖石。成化三年（1467）指挥俞鉴开濠，为四门：东曰镇海，西曰通川，南曰

① 杨振泉：《吴川县文物志》，中山大学出版社，1988年12月第1版。

永和，北曰朝天。门上有楼，窝铺一十有六，瞭楼四，大小水关五。周围五百八十丈，高一丈八，池深一丈五尺，广如之。”明万历《高州府志》仍持此说。该志刊录的陈献章所撰的《吴川县城记》则续写了吴川城建史的内容：“我按察司佥事陶公，被上命经略是方，大著讨贼之声。高凉之民倚公为长城。寇既平，公于是城吴川县。厚一丈，高二丈，周五百八十丈。亦劳矣。自师旅兴而民滋毙。是役也，公实图之，岂得已哉！经始于成化戊戌（十四年，1478）之秋，越明年冬城始克完。”陈白沙盛赞此役。康熙《吴川县志》（未见明志）记载：“万历庚申（四十八年，1620）海防陈公所立新辟小西门，以纳水秀，名曰通川。”同时写道：“西门曰延华。”由此可知，吴川县城西门原来就叫通川门，后来新开小西门，称为通川，就把西门改称为延华门了。

在文化教育事业方面，吴川当时也有所成就。有明一代对吴川县的学宫一再重修。明万历《高州府志》记载：“儒学，县治东（今吴阳镇吴阳中学内）。元至正间主簿唐必敬、教谕吴仲元建。国朝洪武十四年（1381）县丞汪季清修。正统二年（1437）知县邓宣重修。号房倒塌，为军所侵。嘉靖间御史熊兰折侵屋以复旧址。学田七顷八亩。”作为教育、培养人才的场所，除了学宫，还有书院。上述万历志记载，吴川县有江阳书院，在“县南二十里”。另外，在博铺有茂山书院，该书院为晋代楼船将军王濬创建，后为晋代高凉太守杨芳、宋代观察使耿著修葺完善。明代，举人欧国瀚等多次倡议修缮，并捐款设立宾兴银（奖学金），大振文风。到了明代，吴川科举人才也多了起来。宋代只出了三名进士，明朝则有林和、顾祯、郑镕、李睿、肖惟昌、林廷瓛、吴鼎泰七名进士。为了表彰人才，光宗耀祖，明代吴川树有不少科举人才的牌坊。诸如宋进士的先朝遗志坊、明进士肖惟昌的恩荣坊、林廷瓛的进士坊，早在林廷瓛中举时已立了登云坊，还有举人林廷璋的魁英坊、吴献立的登科坊、梁守正的宾贤坊、陈策的步云坊等，此外，还有秋闱登俊、春榜题名牌坊。这些都从不同的侧面反映了明代吴川文化教育事业的发展。

深厚的家学渊源

林廷瓛出生地下郭（今称霞街）的开基祖林永，字长修，号兰屿，又称兰屿公，系福建兴化府唐九牧长房端州刺史苇公第十五代孙、监簿上林矩公第七代孙、时杰公之子，南宋孝宗淳熙年间人①。兰屿公由进士入仕。有说由明经入仕，不确。早在王安石改革科举制度时，已经取消明经科。故林召棠在《东安公行述》中称兰屿公为“宋进士”②。兰屿公考取进士后，敕受登仕佐郎，后出仕教授。至于任职何处有说任琼州府儋州教授，有说任廉琼的教授。我们认为其任广南西路琼州教授可能性比较大。其时不存在儋州，也不存在廉琼州，琼州亦非府。永公还可能在雷州任过职。林召棠说兰屿公“官”雷州。兰屿公宦满至吴川下郭，就定居了下来。他的配偶为陆氏。他们有三个儿子，儿子们颇

① 莆田九牧林氏联谊委员会编：《唐九牧林氏长房族谱》第337页，准印证号：［莆］新出〔2012〕内书第21号。

② 林召棠：《心亭亭居文存》，广东省中山图书馆藏的清抄本。

有乃父之风。

长子林屏山，号东谷，乡举孝廉，例赠文林郎。广东雷州仙脉村清道光七年（1827）祠堂碑载，屏山公曾任山东济阳知县。

次子林兼山，字仁伯，号西谷，宋嘉定十五年（1222）壬午科举人，解元，例授文林郎，任江夏训导。

三子林可山，字见伯，号峰谷，宋嘉定十五年（1222）壬午科举人，解元。进士宅内，呈现一科两解元的盛况。后来又有一榜两举人的佳话：林兼山之孙秀甫、仲甫于宋咸淳三年（1267）丁卯科同时考取举人，兄弟同榜折桂。这就构建了现代霞街林族最初的文化基因，为霞街林族的文化自信铺设了基石。陈白沙曾为林永写赞曰：

派分九牧，监簿流长。
振铎儋耳，胥宇吴阳。
桂枝双馥，兰萼频香。
科名蔼蔼，珂佩锵锵。
统垂未艾，绪绩无疆。
珠联璧合，焰耀穿杨。

在这里，陈白沙对林廷𤩽的家族历史文化渊源作了高度的概括和文采斐然的描述。

吴水岸边生秀木

明洪武三年（1370，庚戌）农历四月十九日，霞街（时称下郭）林族六世祖林崇诞生，就是后来在霞街很有名气的林来青，霞街村内所有土地庙均称来青坊。林崇字景宗，来青是他的号，享年八十一岁，谥逸生。来青公少时虽然贫穷，但质朴、恭谨而有理想。吴阳上郭的吴特峰独具慧眼，十分器重他，将自己的女儿嫁给他，嫁妆颇为丰厚。从此林崇宽裕起来，后来还成为堪舆大家。他规划建设霞街，择地兴建霞街林氏大宗祠，选择了兰溪始迁祖墓地、金钱吊芙蓉清泉祖墓地、麻皮公墓地、康山松庵祖墓地、塘汀十二碑乐玩祖墓地、梅溪祖墓地以及特峰公在张寨垌的墓地等。举人李翠峰为来青公写的赞可以说是对他的高度评价。其赞曰："兰牙六叶，嗣美泰山。婆娑艺圃，纵横词坛。未摇鹏翮，爱惜豹斑。留余华裔，复挺芳兰。秋歌苹野，春宴曲江。承前昌后，度越人寰。"[①] 林召棠也说："吾族自教授公始迁，兼山公领乡解首，六世来青公

① 《霞街林氏族谱》。

昌大之。”自此，“三房颇有衣食，恒有科第”[①]。林崇住在村中的拱门巷尾，靠近江边。因为他是幼子，两位哥哥林岩、林嵩居住在高爽干燥的地方，把江边低下潮湿的地方留给小弟。故后来有人称来青公林崇为“江边房祖”。这不是哥哥们欺负弟弟，而是住宅安排要按照礼制，长幼有序，兄长在上，小弟在下。林崇后来子孙众多，就在江边培土，扩大宅基地，盖房子给子孙依序居住[②]。霞街所临这条江古称吴水。明万历《高州府志》载，吴川县“其川，西一里曰吴水，从鉴江合江渡分三川，绕县南而至限门”。吴水流经霞街段今称霞江。

林崇的曾孙林廷瓛就诞生在吴水之滨。明景泰五年（1454，甲戌）六月初五，吴川吴阳霞街拱门巷尾的林焕家又有喜事临门。在长子出生五年后，又诞生了一位贵子。他就是后来成为大儒陈献章高足，高中进士，先后出任永嘉县令、苏州府同知、建昌府同知，授奉政大夫，入祀永嘉名宦、郡邑乡

① 林召棠《心亭亭居笔记》拾遗，载吴川市吴阳镇霞街村编辑组编《状元林召棠著作拾遗》［97 湛准印第 0501 号］第 87 页。

② 陈舜系《离乱见闻录》及《霞街林氏族谱》。

贤的林廷玑。

拱门巷是霞街林族的重要发祥巷。巷内的古井，当是始迁祖林永在此定居后所拓，现称为“思贤井”。乡贤公林廷玑、状元公林召棠、连捷进士林闱阶均饮此水而成长。霞街为其撰记刻石，并作联云：泉清滋翰墨，井古育高贤。

林廷玑成名后，其祖父母、父母都因之显贵。祖父林峰，号梅溪，生于明建文四年（1402，壬午；有谱作洪武壬午，误），例赠文林郎、奉直大夫。祖母杨氏，谥贞节。父亲林焕，号基成，生于明宣德元年（1426，丙午）六月十七日，敕赠文林郎。母亲陈氏，封为太孺人。

林廷玑的哥哥廷玉，字美器，号西溪，经选贡为监生，后任福建永安县丞；丁忧后，又出任江西永新县丞。由此可知，林廷玑小时候家境不算太贫寒。他出世时曾祖父来青公虽然已经过世，但在少年时代仍然能和哥哥一样得以读书。当然，能否成材，关键因素不是经济条件，而是主观努力，林廷玑从小就十分努力学习。用林召棠的话说：“南峰公少刻苦以成其名。”

衣食无忧不等于富裕。传说林廷玑在少年时代养过鸭，如果是真的也没有什么奇怪，耕读传家本来就是儒家的理念。而且有记载说他“因田粮事受责禁”[1]。这也说明当时他们家经济状况并不是很好。经过受责禁一事的刺激，他遂到江门大教育家陈献章处求学，成为白沙先生在粤西的唯一门生。这一去就是十年有余。

① 林亮德：《明进士林廷瓛传略》，载吴川霞街林氏宗谱编委会编《霞街风采》。

江门名师育高徒

明成化元年（1465），广东江门近邻白沙村的陈献章，在春阳台十年苦读之后，将春阳台改作书馆，亲笔题写“小庐山书屋”，开始授徒。学生接踵而来，连曾经和他一起在京城国子监读书的同学陈肃也从上海而来，拜他为师。陈献章的教育事业可谓兴盛，人们称其为白沙先生。由于种种原因，陈白沙再度赴京应试，尽管他当时道德学问已经名震京师，但科场依然落第。明成化五年（1469）秋，陈白沙回到家乡，住在碧玉楼，又重新开始其教育事业。阮榕龄编撰的《白沙门人考》中说：“当时先生以道德倾动天下，海内闻风而愿拜门下者，当时不知凡几。”① 该书又引潘氏《南海志》说：“白沙起，当时来学者，至倾天下。”数年间，陈白沙的教育事业，丰收硕果。从成化十年（1474）开始，不断有多名学生取得到京师考进士的资格。

就在陈白沙桃李丰收的季节，林廷瓛也投身其

① 该书有清咸丰元年（1851）刻本，藏于广东省中山图书馆特藏部。

门下。在白沙先生的培育下，二十四岁的林廷瓛于1477年明成化丁酉科考取举人，同榜的涂瑞为解元。到了明弘治三年（1490），林廷瓛三十七岁，又考取了进士，同榜钱福为状元。在这期间，陈白沙于明成化十八年（1482）被荐入京，第二年在京任翰林院检讨，成化二十年（1484）南归。

林廷瓛与白沙先生十分亲密，有些日子不见面就互相思念了。林廷瓛在诗《寄奉陈白沙先生》中说："经年不见先生面，此日谁开后学茅？久欲传诗无净稿，更从何处解新嘲？"意思是，好久没有见到老师了，现在谁来教育和启迪我呢？我很久之前就想写诗寄给老师了，但是都写得不好。得不到你的指教，不知从什么地方解开那些新遇到的繁杂的问题。而陈白沙在给林廷瓛的诗中则写道："击玉又敲金，思君对我吟。"他认为林廷瓛的诗写得好，内容如金似玉，韵律像击玉敲金般清脆美妙。我思念你，盼望你写诗给我。

林廷瓛敬爱自己的老师，首先是得益于老师的言传身教，得益于老师的道德文章，见不到老师的时候，就不知向谁请教。陈白沙喜欢这位学生，则是由于林廷瓛有击玉敲金之才，且勤奋好学。《霞街林氏族谱》记载："白沙以公勤奋好学，授以易经秘传。"

同时，林廷瓛对白沙先生崇高的道德品格和立于有明一代儒学巅峰的博大精深的学识非常崇拜。他在诗中说：“画师纵得青山妙，一幅难量万仞高。会了方圆图学意，千年终有一人豪。”说老师的精神品格，犹如万仞高山，难以衡量；老师彻底参透了伏羲六十四卦方圆图的深刻意蕴，完全掌握了易学的精髓和奥秘，实为千百年来第一位杰出雄才，是“一笑能回万古春”的人物。陈白沙精于易学，自己建楼也以此为据。林廷瓛也深知其中奥妙。他在《题碧玉楼寄奉陈白沙先生》诗中就有这样两句：“四面虚中成此位，两仪空处寄谁身？”由此可见，他跟老师学易是无疑的。正是由于他前后十余年追随先生认真学习，才得以考取进士并在出仕后政绩超卓、循声雀起。这正是符合了白沙先生的要求。先生在《与张廷实主事》中说：“老朽无所为，但愿足下辈能树立于世，卑斯文有赖，甚幸，甚幸。”他期待学生成为国家的栋梁。林廷瓛没有辜负老师的期望。他当了三年永嘉知县后，以诗代柬，向老师汇报工作。这就是《余兴寄白沙先生二首》。这两首同韵的七言律诗，内容则是实事求是的知县工作报告。这里想强调的是，林廷瓛尊师重道的思想品格是十分值得弘扬的。

右军墨池子贱琴

明弘治三年（1490，庚戌）四月，林廷瓛考取进士，时年三十七岁。不久，出任永嘉知县。弘治三年庚戌科殿试读卷官李东阳得知林廷瓛出任永嘉县令后，写了《赠林南峰之永嘉》一诗赠林廷瓛。林廷瓛则为永嘉之治做足了功课。他研究了王羲之出任永嘉郡太守的经验、教训。对于王右军是否当过永嘉郡太守，历史上有笔墨官司。林廷瓛到永嘉后，曾拜谒右军祠。该祠是后人因王羲之治理永嘉有方，为了纪念他而建的。林廷瓛写了《题右军祠》一诗。诗的第一句就是“少小闻公守永嘉”。这说明，明朝中叶，远在广东的孩童林廷瓛都知道王羲之任过永嘉郡太守，这就为这一历史公案中的肯定方提供了不可移易的证据。不过我们强调的重点不在这里。重要的是，《题右军祠》一诗，只字不提五马坊，却写了一句“墨池依旧带烟霞”。五马坊是王羲之守永嘉的遗迹之一，说的是他乘着五匹马拉的车，威风十足地巡行至此。后人建五马坊以作纪念。所有人写有关王羲之守永嘉时，几乎都提到五马坊，但林廷瓛对此不置一词，这可以说是诗的篇幅有限，难以事事俱到；也可以理解为林廷瓛主张朴实亲民，不应奢豪，故对五马之乘不置一词。那么林廷瓛知永嘉应吸取王羲之守永嘉什么好经验呢？首先是“导以文教”。所以《题右军祠》第二句就写了墨池。王羲之是大书法家，所以有墨池。墨池、书法是文化的象征，是王羲之导以文教的象征。《舆地志·风俗》引《旧志》说王右军守永嘉的主要政绩是“导以文教”。同时，王羲之“治尚慈惠”，实行“公役均平”，对于那些老弱病残，不能从役，或者有饥寒之色难以维持生计的人，要区别对待，除其烦苛，省其赋役，与百姓更始。最后，林廷瓛认为，王羲之在永嘉任内，除了政绩超卓之外，还有许多精辟深刻的主张，等待着心意相通的人去领会和实施。这就是“终日微言只拈花”。林廷瓛在自己的诗中用了佛经中一个有名的典故“拈花一笑”。林廷瓛学佛可能是受信佛的母亲影响的。他给醮坛写过这样一联：“读儒书不应佞佛，从母命聊请弥陀。”林廷瓛的佛学根基应该是很深厚的。“拈花一笑”典出《大梵天王问佛决疑经》，又见宋代释普济《五灯会元·七佛·释迦牟尼佛》卷一，讲的是在一次法会上，释迦牟尼拈花示众，众皆默然，唯有佛祖的大弟子摩诃迦叶尊者破颜微笑。

佛祖便对他说："吾有正法眼藏，涅槃妙心，即付于汝。汝能护持，相继不断。"[①] 他后来成为印度禅宗始祖。由此可见，林廷瓛到永嘉后是决心继承王羲之守永嘉时的优良传统，并把自己体会到的王羲之守永嘉的微言大义付诸实践。这实际上也批判了王右军在永嘉没有培养出能够实现自己理念的得力助手，只能是自己拈花，无人会意，更谈不上实践了。这是一个教训。还有一个教训就是"五马巡街"，虽然围观者众，但是脱离大众。

在研究借鉴王右军守永嘉的经验教训的基础上，林廷瓛更多的是向孔子的学生宓子贱学习。这从林廷瓛诗《余兴寄白沙先生二首》中可以看出，上文提到，此诗可以视为他工作三年后向恩师做的工作汇报。两首诗首句分别是："笑抱三年子贱琴""不用蒲鞭只抱琴"。他很高兴，知永嘉三年，连蒲鞭都不用，只是学宓子贱抱琴。他不厌其烦一再强调抱琴，因为鸣琴而治，就是施行礼乐教化。

鸣琴而治，典出《吕氏春秋》，子贱抱琴，鸣琴而治。讲的是孔子的学生鲁国人宓子贱，名不齐，有才智且仁爱，被孔子赞为君子，是七十二贤之一，

① 引自《大梵天王问佛决疑经》。

鲁国君让他出任单父宰。他在孔子门下学到许多知识和学问，对自己的智慧和才干信心满满。他到单父之后，认真听取下属好的意见，并机智地摆脱国君对他的掣肘，然后开始施政。他主要做三件事：一是君子务本，立德为先。他率先垂范，尊老爱幼，提倡道德风化，教育人民。二是礼贤下士，选贤任能。他勤访当地的士人君子，加以任职使用，而且用人不疑，不加掣肘。三是简政放权，管理得当。他调动下属的积极性，自己也就不必事必躬亲，可以鸣琴作乐了。实际上他鸣琴而治也是施行礼教，古代中国礼乐是紧密相连的。经过三年的礼乐教化，单父这个地方，政简刑清，德化风行，人民满意，子贱的威望自然也很高。治理过单父的巫马期问子贱："我治理好单父要没日没夜地辛苦工作，你居然能鸣琴而治，这是怎么回事？"子贱曰："我之谓任人，子之谓任力。任力者故劳，任人者故逸。"知人善任，调动人的积极性是很重要的。这就弥补了自己拈花而无人微笑的不足。

那么，林廷瓛是如何把自己从白沙先生那里学到的知识和才能，结合自己的智慧和王右军守永嘉的经验、教训以及子贱抱琴的榜样，从而治理好永嘉，被后人奉为名宦的呢？

一是大力兴学。林廷玳治永嘉，注重斯文，教化为先。他在庙学文庙西建起鸡鸣书院，设立义学，培养人才。书院是一种文化教育组织。林廷玳在永嘉建立的书院取“鸡鸣”之名，是用闻鸡起舞之典故，激励学子勤奋读书，早日成材。鸡鸣书院历史影响深远。后在明万历十四年（1586，丙戌）永嘉县令蒋行义重建鸡鸣书院，万历二十四年（1596，丙申）永嘉县令林应翔重修后改称文昌会馆。这些都是后话。林廷玳还积极拓展学宫。林廷玳的阅卷师李东阳还专门写了《永嘉县学记略》。永嘉的县学自宋元祐年间至林廷玳知永嘉，兴替不一。林廷玳看到学宫后逼道院，前迫民居，十分狭隘而且凋敝，根本不能作为教育场所，要加以拓建，难度极大，就像吴川学宫现在要修复那样困难。但林廷玳下大决心，“图为改作，拓其故而新之”。由于道院侵地，林廷玳便购买民地扩充。首建宣圣庙及左右庑寻。但工程还没有最后完成，林廷玳由于政绩显著已被提拔到苏州府任同知去了。他如此重视文教事业并在短期做出两项重大业绩，当地人民特别是文人怎能不开心呢！至此永嘉兴起斯文，每逢科举考试，多有乡试中举、会试折桂、殿试登榜之人。其中一个代表人物就是王瓒。他是浙江永嘉人，在林廷瓛治永嘉任内，弘治九年（1496，丙辰）高中榜眼。林廷瓛为此写了一首诗《喜治中门人王瓒中榜眼》：

气合贞元又丙辰，君家甲第耸青云。
由来名下无虚士，上苑相饶只一人。

林廷瓛的这位门人相当出众。王瓒先出任国子监祭酒，正德十一年（1516）任礼部右侍郎，正德十二年（1517）转左侍郎，嘉靖元年（1522）丁忧，去世后敕赠礼部尚书，谥文定。

二是实行德治。林廷瓛在写给老师的诗中说“不用蒲鞭只抱琴”。在这里他又用了另一个典故：蒲鞭之罚。此典出自《后汉书·刘宽传》：“吏有过，但以蒲鞭罚之，示辱而已，终不加苦。”所谓蒲鞭，就是以蒲草代鞭。刘宽不但为官清正，而且温仁多恕，部下或百姓犯错时，只是用蒲草代鞭打几下，使其知错能改，而不用残酷的刑罚，他就这样把南阳治理得很好。林廷瓛却连蒲鞭都不用，只是进行德化。“永嘉有因贫而沦为盗者，在公之德政感化下，终于去恶从善，卖刀买牛，勤耕务织。凡遇荒年恶岁，林廷瓛以人民的痛苦为自己的痛苦；或发仓储，或解囊俸，救济庶民。尤对鳏寡孤独，必先行照顾，嘘寒问暖，发衣给食，不让一人冻馁。”①

三是注重农事。他在诗中对老师说“筑台漫自妨农事”，不修亭台楼阁，怕役民会妨碍农事。对于农事，林廷瓛极尽其责。据家谱记载：明弘治七年（1494，甲寅），永嘉大旱，泥土枯焦，草木不生。当时永嘉有人化缘许愿，打斋建醮，妄乞上天垂悯。由于大灾歉收，人民已不堪其苦，复花钱银搞迷信求雨，不但更苦了百姓，而且于救灾无补。林廷瓛目睹此情，殊为焦急，遂对百姓晓之以理，说明天旱是自然气候所致，求神祈雨，无补于事。要想有水灌田，必须劈壤开渠。在晓谕百姓之后，即率领众庶，开河引水，终于解决旱患，使农事有成，免人民于饥荒之苦②。

四是美化环境。林廷瓛写有一首《种柳歌》，这首诗最后两句是：“柳兮柳兮歌者谁？永嘉令尹南峰叟。”这说明这首诗是林廷瓛在永嘉县令任上写的。从内容上看则是他任内的政事。什么事呢？植树、凿渠，美化环境。为了种活树木，他先疏渠凿

---

① 林亮德：《明进士林廷瓛传略》，载《霞街风采》。

② 《霞街林氏族谱》卷一，第535页。

池："疏渠引其左，凿池泄其右。"治水同时可以改善环境，美化环境。植树，他首先选择种柳树。应该说，柳树在江南是比较容易生长的树种，而且树形美丽。但林廷瓛考虑的首先是柳树的文化内涵。关于柳树有什么典故呢？春秋时楚国大夫养由基百步穿杨，以武功保卫自己的国家。还有"三峰集载李固言，柳汁染衣登早第"的典故，是唐代冯贽《云仙杂记》卷一录《三峰集·柳神九烈君》讲的一个故事：李固言中状元之前，有一天行到古柳树下，听到有声音说："我是柳神九烈君，已经用柳汁染了你的衣服，你科第无疑，就要用枣糕祀我。"李固言答应他，没多久就状元及第，在唐玄宗时当到太子太傅。林廷瓛就这样把环境建设和文化建设结合起来，而在文化方面体现了一种爱国情怀和文化进取精神，至今仍值得我们学习，所以我们也建议在霞江岸边种柳树。

五是清正廉明。从《永嘉县志》到《广东通志》《高州府志》《吴川县志》都提到林廷瓛清正廉明。他认为，百姓交租纳税，是自己的衣食父母，如果自己尸位素餐，戴着官帽，乘着马车是有愧于心的。他安于本职，勤于政务，希望向朝廷传递信息，但他既不是神仙，也不能行贿，不能通过"送夜金”来达到目的。当然他也不能受贿，不能接受“谢金”。这些都是他写诗向老师报告工作时讲到的。

六是重视团结。经过陈白沙的培养，林廷瓛不仅有宽阔的胸襟，而且具有团结意识，团结好永嘉当地的代表性人物，对自己在永嘉立足和施政无疑是十分重要的。永嘉是当年任吴川知县的钟英的故土，还乡的钟英在当地自然是一个有影响的人物。林廷瓛到永嘉赴任，下车伊始，便到钟英府上拜会，不念旧隙，反来谢恩，事超人意，钟英哑然吃惊。林廷瓛却拱手说：“当年不是以公催赋故，吾不能有今日，故特来谢恩。”此后两公来往甚密[①]。把坏事转化成好事，这自然是林廷瓛跟老师学易的成果。

由于林廷瓛知永嘉实行礼乐教化，仁政德治，重本轻刑，政勤用俭，善于管理，成效卓然，使得永嘉人读诗书，敦礼教，务耕织，讲道义，过着承平的生活。因此，他被永嘉人民称为“林青天”。对于自己的环境，他这样向白沙先生描绘：“庭下日长啼鸟静，县中春花落花深。”他建设永嘉十分出

① 林亮德：《明代进士名宦乡贤林廷瓛》，载《霞街林氏族谱》。

色，朝廷为之震动。孝宗皇帝于弘治十一年（1498）六月二十一日连下四道敕命，表彰林廷玂及其父母妻子。在给林廷玂的敕命中说："郡县亲民之政，每询于按部之间；朝廷锡命之荣，或出于考绩之外。故法有定制，而恩有特施。几沾旌异之名，必在褒嘉之列。尔浙江温州府永嘉县知县林廷玂，拔隽贤科，擢官邑宰，莅下式劳于抚字，持躬克笃于慎勤。荐剡交腾，宠恩宜布，兹特进尔阶文林郎，锡之敕命。"

正是由于他治永嘉卓有成效，朝廷还没等他扩建好学宫，就把他提拔去当苏州府同知去了。临别时，永嘉人民攀辕卧辙，强欲挽留。不少人沿路陈设天香明烛，清泉明镜，拜倒路旁，表示依恋难舍、诚心感戴之意。永嘉士民怀公恩德，当公去后，大兴土木，"建生祠以祀"[①]。祠在永嘉县学西。乾隆二十六年（1761）崔锡等修的《永嘉县志》引明万历志记载："林李二公祠在永嘉县学西。祀邑林廷玂、李丕显"。清光绪《永嘉县志》则引嘉靖志、康熙志作名宦林廷玂传云："林廷玂，号南峰，广东吴川人，弘治十年由进士知县事。公廉有才干，政

① 光绪《吴川县志》。

绩可述，展拓学宫，擢苏州府同知。士民怀其遗爱，祀于县西。时论：卓、文、刘、林四公皆治行卓然。”就是说由于林廷玂卓有才干，政绩可述，展拓学宫，治行卓然，士民敬爱，后来得以成为永嘉名宦，入祀永嘉名宦祠。名宦是一个很高的名誉，是一定要实至名归的。明代有人这样定义名宦：“仕于其地而有政绩，惠及于民者，谓之名宦。”[1] 名宦者，不以官位高低传世，而是以政绩大小著称。名宦不得以势位及子弟为进退。其功业气节则考之国史，文章则稽之传世，理学则定之言行。在明清时期，入名宦的，以县令为主。一个县令掌握着全县的大权，做得好坏关系极大。所以一般规定县令要管养老、祀神、贡士、读法、表善良、恤贫乏、稽保安、严缉捕、听狱讼，有足以资国用的特别物产还要进贡。除了要做好这些之外，还要有特别突出的政绩，诸如施民法，死勤事，劳定国，御大灾，捍大患，具体表现如抗旱救灾、狱讼公正、忠义报国、恤政爱民、宣扬教化等，方可成为名宦。提名和批准都不是被提名者在职甚至是生前操作的，而

① 明代邵宝：《容春堂前集》卷十二《瑞州府名宦乡贤祠祀》。

是在他离世许多年之后才进行的。也就是说，必须经得起历史的检验，而且有严格的程序。先由各地推荐，再由当地师生共同讨论推选，然后报送州县，州县再转送督抚、学政，每年八月由督抚学政报送朝廷，年终经朝廷批准，才能入祀名宦祠。方志一般有名宦专栏，甚至为名宦立传。祀名宦一般认为是从汉平帝开始，名宦之祀至明中叶，由国家、地方和民间结合操作，并且得以全面制度化。名宦祠一般依附在庙学。林廷瓛拓展学宫时还没来得及建名宦祠，永嘉名宦祠是他的后任建的。入祀名宦是国家大典，由教谕公服到祠主祭，行少宰礼。祭祀名宦的社会功能是教化民众、启迪官吏、报德崇公、劝忠尚义、稳定社会和巩固政权，这些精神也都是我们应该继承的。

走马苏建创新风

由于林廷瓛在永嘉当县令各方面都很突出，即使在拓展学宫尚未完全完工的情况下，朝廷也提拔他到苏州府任同知去了。苏州府地处太湖流域核心，在经济、社会、文化上处于全国领先的地位。在元明更替之后，经过明初的恢复和发展，这一领先的地位更加巩固。明朝廷迫不及待地让林廷瓛到苏州府这样一个重要的地方任同知，可见对他的重视。明代同知为知府或知州的佐官，分掌督粮、缉捕、海防、江防、水利等。林廷瓛到苏州府任同知后，保持着奉身廉约、勤政励事的作风。苏州府是明中央政府的粮仓，督粮十分重要。林廷瓛送粮到京师去，虽然道路崎岖，要跋山涉水，历尽险恶，但他都能迅速完成任务，办事效率甚高。对于百姓，林廷瓛爱民如子，无借贷，无重劳。上级委托他监造夏周二公祠，不到两个月，堂庑门垣，装治皆具，一共才用了六百两银子。在建设上可以说是“多快好省”。特别要大书一笔的还有两大政绩：一是他奉巡抚檄，“清理崇明沙田产丈量，宿弊尽革，后遂遵用其规”[1]。“二是严革织造陋规，大甦民困。”[2] 从这段记载，我们可以看出林廷玂在政治上并不保守，勇于改革，大胆创新，而且举措正确，成果显著，解决了不少民生问题，许多创新举措为后人所遵循，所以在苏州甚有政声。到任三年，由于母亲去世，林廷玂回家守孝。

林廷玂在家尽孝三年，时间不短。由于他实在能干，朝廷并没有忘记他。当他丁忧期满，刚好建昌府缺个同知，就马上让他补上。我们都知道苏州，但对建昌不一定了解，因为建昌府于 1913 年已废。元世祖至元十四年（1277，丁丑），改建昌军为建昌路。明太祖洪武二年（1369，己酉）改建昌路为肇昌府。不久，又改肇昌府为建昌府，府治南城（今江西省南城县）。南城为江西十八古县之一，有“赣地名府，抚郡望县”之称。让林廷玂到这样一个重要的地方去任同知，显然是朝廷对他极度信任。上任后，他仍然保持一贯的从政理念，以廉明著称。他做了深得民心的一件事，就是清理了驻军多余的军饷，减轻了百姓的负担。所以，当他离任时，“士

---

① 《苏州志》。

② 林召棠：《林廷玂传》，载光绪《吴川县志》。

民建生祠以祀”[①]。

林廷瓛淡泊名利，从建昌府还乡后，隐居于南峰，居塘草新屋，后人为纪念他作有“林廷瓛隐居处”石刻。明武宗正德十一年（1516）林廷瓛逝世，谥文真，诰授奉政大夫，同孺人合葬于麻皮。林廷瓛逝世后，明清两代的广东名流，诸如伦以谅、林召棠、陈兰彬以及方志编者都对其给予很高的评价，林召棠称其为“百世范模”，翰林陈兰彬称其为“南国伟人”。

① 林召棠：《林廷瓛传》，载光绪《吴川县志》。

击玉敲金美诗章

林廷瓛生前刻印了自己的诗集《南峰诗集》。南峰是他的号。林召棠曾经见过该诗集，并为之作序。可惜该诗集已经散佚，现在，只能从方志、族谱、后人编的书刊中看到一些。这次编书，林昌福先生极尽一切所能，收集到其中的四十首，详见《二、文光射斗——林廷瓛的对联与诗歌》所录。从林召棠的评价和现存的诗篇看，林廷瓛的诗歌，的确堪称“文光射斗，翰墨生辉”（翰林陈兰彬所赠匾文），无愧于陈白沙先生赠诗所予“击玉又敲金”之誉。

林廷瓛现存诗章的主要内容包括如下几个方面：

一是政绩与经验。主要有《题右军祠》《余兴寄白沙先生二首》《种柳歌》和《喜治中门人王瓒中榜眼》等诗。《题右军祠》可以说是林廷瓛对王羲之出任永嘉郡守时的经验与教训高度精练的总结。王羲之守永嘉是很有名的，因为大书法家王羲之的名气实在是很大。所以，林廷瓛到永嘉，谒右军祠后，马上在《题右军祠》中写出“墨池依旧带烟霞”这样内涵深邃意境优美的好诗句。根据历史的记载，王右军治理永嘉郡最主要的经验和最突出的政绩就是“导以文教”。王羲之首先是文人、大书法家，到永嘉后，自然有洗笔砚的池子。保存它，象征着“导以文教”的恒久价值。林廷瓛写了它是对此之肯定。林廷瓛认为，王羲之治理永嘉郡的思想理念和政策措施是很好的，可惜的是，他的下属无人能够领会和实施，尽管他终日微言大义，犹如佛祖拈花，然而佛祖拈花时有弟子会意微笑，王羲之却没有。林廷瓛为此深感怨惜，同时也透露出一种批判精神，暗指王羲之在任永嘉太守时，没有能够选拔和任用那些能够理解和执行自己好的施政理念的下属。他这首诗的批判精神，还在诗外。我们知道，王羲之守永嘉乘坐五匹马拉的车进行巡游，至今仍有遗迹。后人写到王羲之守永嘉，无不对此津津乐道。林廷瓛对此，诗中却不置一词。何故？林廷瓛没说。我们以为五马巡街这种事，除了显示地位，没有多少意义，甚至伤财扰民，这应该为地方官所戒。林廷瓛治理永嘉，很重要的是借鉴子贱鸣琴而治，这在《余兴寄白沙先生二首》诗中得到充分的反映。从诗中可知，作为知县，他正直、清廉、兴学、重农，实施礼乐教化，简政轻刑，既吸取了王羲之好的做法，也修正了其有问题的方面，形成了“日长啼鸟静”“春老落花深”的宁静、安逸的局面。《种柳歌》集中反映了他高度重视环境建设，植树造林，开塘凿渠，使山川平地为之灵秀，并把它和文化建设结合起来，其文化内涵则是爱国抗敌和倡导教育。《喜治中门人王瓒中榜眼》一诗则展示了他在永嘉兴起斯文的典型成果，可谓是功夫不负有心人。

二是尊师与重友。在尊师方面，除了前面讲到的《余兴寄白沙先生二首》外，还有《奉寄陈白沙先生》《题碧玉楼寄奉陈白沙先生》等篇。在重友方面有《留别陈学之地官》《与何通济先生留别二首》《赠高进士之京行歌》等篇。林廷瓛在《奉寄陈白沙先生》一诗中歌颂了老师犹如万仞高山的高大形象，老师对易学研究之深刻，可谓是千载一人。“会了方圆图学意，千年终有一人豪。”在《题碧玉楼寄奉陈白沙先生》一诗中林廷瓛则称颂老师“一笑能回万古春”。对于友人，林廷瓛可以说是情深义重。在《留别陈学之地官》一诗中，林廷瓛视朋友为自己的“骨肉人”。林廷瓛在《与何通济先生留别二首》中这样描写了与知交离别的情境：“东风吹水绿披披，忍听江头奏别离。一曲未终肠已结，百年天地几相知。”在《赠高进士之京行歌》中，林廷瓛对朋友的远行也是无限的不舍："江以南，亲之堂；江以北，帝之乡。江南江北思茫茫。"

三是亲情与家教。这方面的存诗相对较多。可能是由于家谱和族谱对这方面的内容特别注重之故，现存较多。有《赠内归南峰》《喜兄到永嘉》《喜直侄同到永州》《永嘉留别朝用表弟归吴川》《留别有用表弟》《命全性二儿》《示秉全读书兼勉大民彦明侄》《又示秉全》《示双媳兼诸侄妇》《寄示中直良常兼诸侄辈》十篇。在《赠内归南峰》中，林廷瓛"仰天拜祝慈亲寿"，要妻子尽孝养之责。从《喜兄到永嘉》中可以看出，林廷瓛见到兄长，犹如见到父母亲，激动到问讯时语无伦次，兄弟情谊堪比苏东坡和苏辙兄弟。在教育方面，他要求妻子"教儿早继登云业，劝侄勤耕附郭田"。他继承陈白沙先生的诗教传统，写了一系列教育儿子、侄儿和儿媳、侄妇的诗。教育所涉，有伦理道德的内容，如《命全性二儿》；有修身齐家的内容，如他要求外出做官的儿子"归来有则起出楼，岁月无情早进修。昌大门闾由尔辈，百年福地种心头。"有读书做学问的内容，他要求子侄辈"百代箕裘当继绍，一宗门户着撑持"，他对子侄说："尔曹归去及青春，万里飞腾在一勤。熟则自然生议论，富而方可发清真。揭书句句多题目，集注章章好断文。”可见他的家教与门风严而细。

四是怀古与山水。前者有《寄题曹娥碑四首》和《寄题露筋夫人三首》。这里介绍一下曹娥碑。曹娥是东汉时期浙江上虞的一位女子，十四岁那年，她父亲曹盱在乘船迎潮神时不幸坠入江中，她悲痛欲绝，沿江号哭。由于一直不见父亲的尸体浮起，她奋不顾身地投入江中，后来抱着父亲浮出水面。八年后，为了纪念和表彰她的孝烈，东汉上虞县官度尚命弟子邯郸淳撰文并请人刻石，记载这一事迹，是为曹娥碑。据说蔡邕读过碑文后，用字谜的形式称碑文是“绝妙好辞”，谜底为杨修破解。碑文为王羲之所书，后由王安石的女婿蔡卞再临。曹娥碑是我国著名的碑刻之一。林廷瓛的诗侧重在歌颂曹娥惊天地泣鬼神的孝行，说嫦娥都要为之咽泣。林廷瓛留下的山水诗不多。其中《清泉亭》一诗，充分表现出林廷瓛清廉高洁的品格：“将手濯泉中，借问谁清洁。”而《题特思山》一诗，则深深地表达了他对家乡美丽山水的热爱。特思山是吴川一景，他把特思山的山势、靓丽和特点以及人们对此山的喜爱都描述得淋漓尽致，如果没有深深的乡情是写不出来的。

五是言志与励志。林廷瓛有《自遣》一诗：“有时诗兴浓于酒，口自吟哦坐日曛。八九不如人意事，太虚顶上过浮云。”林廷瓛的本质是个诗人。他淡泊名利，对不如人意的事，视如浮云过顶。可见他的广阔胸襟。尤其值得注意的是，他通过渔父问答的形式写了一组诗，强调“中流砥柱势云孤，孤节乾坤不可无”，一定要有能够挽狂澜于既倒的中流砥柱；同时，他指出，即使遇到急雨颠风也不要怕，要趁着中天明日月，研究清楚国家治理的方略，做到有预见性，不要等到危机来临时手足无措，这才是明智的；他又指出，越是危险的时候，越需忠贞之士迎难而上，“满天风雨暗江山，正是中贞板荡间”，即使是极危，也不应该退缩。这些诗气魄之大，异乎寻常，无愧于白沙先生“击玉敲金”之誉。

林召棠看到乡贤祖林廷瓛的诗比我们看到的多得多，更何况其水平极高，所以其评价显然更加全面和精到。林召棠说：“今读其诗，缠绵悱恻至性，有大过人者。宜其本之躬行，措之政事，不期入人之深也”，“顾读公诗，所谓言行文章之美，犹窥梗概。先民典型，唯此而已”[①]。

---

① 林召棠：《南峰诗集序》。

年年香火祀乡贤

林廷瓛逝世后被尊为乡贤。他是吴川第三位乡贤。明万历《高州府志》载，吴川乡贤祠祀有“宋进士李凌云，元先锋张友明，国朝同知林廷瓛”三人。

乡贤是国家对政绩超卓的官员，或者是品学俱优、对社会有突出贡献、声望甚高、为本地士民特别敬重的社会贤达，在其去世后授予的崇高荣誉称号，并将其牌位祀于乡贤祠内，春秋依仪致祭。明嘉定以后，朝廷多次发布谕旨，严格限制乡贤祠的入祀条件和入祀程序。其规定：“非德行著称者不得入祀，非年终定论者不得入祀”，即去世若干年、经得起历史检验的人才能入祀。由地方大吏提请入祀乡贤，必须经过乡里公举，经县到省直至皇帝批准。所以一般都不能滥竽充数。一直到康熙初年统计，自汉以来，全国乡贤仅有四百八十二人。可见乡贤美誉并非易得。

乡贤祠是奉祀本乡已故贤士之祠堂，它起源于东汉。当时孔融为北海相，将贤能真士然祀于社，此为祭祀乡贤之始。隋朝大业二年（606）五月乙卯诏："九原属怀千载，其自古以来贤人君子，有能树声立德，博利殊功，有益于人者，并宜营立祠宇，以时致祭。"从此，祭祀乡贤成为一种制度。唐玄宗天宝七载（748），提出"所在"立庙致祭，即在乡贤的家乡立庙致祭。宋元乡贤祠依附庙学祭祀。有明一代，祭祀乡贤活动大为盛行。明朝朱元璋第十六子朱㮵曾撰《宁夏志》列举乡贤人物，开始建乡贤祠。吴川原来未建乡贤祠，到了嘉靖四十年（1561），县令丁一道、教谕陈道正、训导何彔在启圣殿后建起乡贤祠和名宦祠。林廷瓛即入祀乡贤祠。

清世祖入主中原后，下令建立乡贤祠。霞街林廷瓛的乡贤祠，应该是建立在此之后。林召棠在《家奋池兄双寿序》中写道："乡贤南峰公祠初立，公产俭薄，兄以廪饩奉香火。"清代不但建筑乡贤祠，而且当地志书还为乡贤立传。清代《吴川县志》中《乡贤》《乡贤祠》《传》等栏目下，都有林廷瓛的鼎鼎大名。吴川的乡贤文化由此得到彰扬。林廷瓛之所以被尊为乡贤，用明代进士伦以谅的赞语来说，就是因为他"星辉王良，海渺蘅芳。绣虎言就，剸犀擅长。郎星移度，佐我黄堂。功成熊襜，帝锡鸾章"。简单来说，就是由于他道德高尚，文才出众，能力超卓，政绩突出，得到了皇帝的表彰。

林召棠则作这样的概括：“南峰公少刻苦以成其名，久游白沙先生之门，德器粹然。出宰永嘉，迁吴郡丞，皆有善政，民尸祝之。”对于林廷瓛的善政，林召棠在《林南峰先生传》中也作了阐述，还特别强调廷瓛公“生平笃志理学，功名富贵淡水也”。林召棠认为林廷瓛考取进士之后，霞街林族“嗣是诗书之泽垂数百年”。由此可见，林廷瓛祀永嘉名宦、郡邑乡贤，实至名归。

在新时代，乡贤文化是凝聚中国海内外人士的文化纽带，是一个地域的精神文化的标记，是连接故土、维系乡情的精神桥梁，是固有优良思想道德文化传统的体现。我们要在新的历史条件下，继承和倡扬乡贤文化的优良传统，发扬林廷瓛尊敬师长、重视教育、勤政爱民、廉洁奉公、勇于担当，革故鼎新、淡泊名利、尚仁厚德的精神，同时创新乡贤文化，弘扬善行义举，以乡情乡愁为纽带，吸引和凝聚各方人士，大力支持家乡发展经济文化，建设文明、和谐、富裕、美丽的新社区。若能如此弘扬乡贤文化，吴川必将涌现更多新时代的乡贤，为家乡建设做出更大的贡献。

二、文光射斗——林廷瓛的对联与诗歌

在文坛上，林廷瓛吟诗作对，光芒四射，文采风流。他的老师陈白沙不仅是大儒，也是诗人。陈白沙说林廷瓛的诗“击玉又敲金”。尽管历史久远，廷瓛公的著作散佚甚多，但遗存下来的诗文，依然可见其才气逼人。林廷瓛遗存的对联有：

文仲祖祠横额联

统承五叶
秀毓双枝

超母联

读儒书不应佞佛
从母命聊请弥陀

林廷瓛特别喜欢吟诗。他“有时诗兴浓于酒，口自吟哦坐日曛”。吟起诗来，足以自遣，对于“八九不如人意事”，都视为“太虚顶上过浮云”。他著有《南峰诗集》，原来刻版梓行。林召棠见到这部诗集时，虽然序目残缺，但内容完整。

对于林廷瓛的诗，林召棠说：“今读其诗，缠绵悱恻至性，有大过人者，宜其本诸躬行，措诸政事，不期而入人之深也。”“公之盛德，不仅以诗。顾读公诗，所谓言行文章之美，犹窥梗概。先民典型，唯此而已。”进士、翰林陈兰彬则赞其“文光射斗，翰墨生辉”。可惜《南峰诗集》已经散佚，仅存四十首，恭录于后，供大家赏析：

题右军祠

少小闻公守永嘉，
墨池依旧带烟霞。
可怜意绪无人会，
终日微言只拈花。

余兴寄白沙先生二首

其一

笑抱三年子贱琴，
清风一起奏长林。
食租衣税惟尸位，
露冕乘轩祗愧心。
凫舄亱飞双阙迥，
鸾书日望五云深。
事人直道平生志，
自揣无能送夜金。

其二

不用蒲鞭只抱琴，
可能活得到穷林。
筑台漫自妨农事，
兴学惟凭破士心。
庭下日长啼鸟静，
县中春老落花深。
等闲成狱难轻贷，
敢望承尘得谢金。

种柳歌

我游华盖前，
榭圃亭立天地久。
我观积谷后，
榭圃亭因风雨旧。
秋风石崇基阶，
择材易衰朽。
疏渠引其左，
凿池泄其右。
万物皆可养，
云何先种柳。

君不见，
百发百中养由基，
柳叶能穿胯敌耦。
又不见，
三峰集载李固言，
柳汁染衣登早第。
遂令传取二百株，
庶手子来为假手。
山亦效其灵，
地亦孕其秀。
数日未卜根盘错，
经旬争睹舒窈纠。
齐展西施眉，
不长支离肘。
亭亭明当百尺许，
从此贵人生不偶。
柳兮柳兮歌者谁，
永嘉令尹南峰叟。

喜治中门人王瓒中榜眼

气合贞元又丙辰，
君家甲第耸青云。

由来名下无虚士，
上苑相饶只一人。

寄奉陈白沙先生

经年不见先生面，
此日谁开后学茅。
久欲传诗无净稿，
更从何处解新嘲。
画师纵得青山妙，
一幅难量万仞高。
会了方圆图学意，
千年终有一人豪。

题碧玉楼寄奉陈白沙先生

何处楼台清可人，
小庐山下玉嶙峋。
门听沧海潮来易，
酒熟罗浮客到频。
四面虚中成此位，
两仪空处寄谁身。
先生于此宁无乐，
一笑能回万古春。

留别陈学之地官

不久东坡别颍滨，
草塘诗句梦中频。
帝京咫尺公回首，
客路三千我望云。
旭日丽天初映北，
朔风吹雪又缤纷。
不知独酌羔儿酒，
可念同袍骨肉人。

与何通济先生留别二首

其一

礼乐三千寄此身，
黑头曾占岭南春。
杏园回首无多日，
谁是金銮第一人。

其二

东风吹水绿披披，
忍听江头奏别离。
一曲未终肠已结，
百年天地几相知。

赠高进士之京行歌

江以南亲之堂，
江以北帝之乡。
江南江北思茫茫，
江草江花引路长。
千金之躯高氏子，
万里云程从此始。
栋梁长材社稷器，
出处于今轻重系。

赠内归南峰

卜筑南峰累十年，
此归不费买山钱。
教儿早继登云业，
劝侄勤耕附郭田。
日日三牲难责备，
厨厨一味可供鲜。
仰天拜祝慈亲寿，
孝养卿卿莫负言。

喜兄到永嘉

时丙辰七月第九日也

导出双门喜欲狂，
见兄何异见萱堂。
天教荆树花重合，
人绚云霄雁一行。
问讯语言无次第，
带来香火荷安康。
不须终夜鸣风雨，
辙与坡翁正对床。

喜直侄同到永州

直侄分明长一头，
全儿有伴绍箕裘。
读书未暇论多少，
酌酒先来为唱酬。
尔母相陪吾母乐，
我兄端为尔兄谋。
凭谁归寄平安字，
望见鸿飞八月秋。

永嘉留别朝用表弟归吴川

舅父生而名国器，
愿而不久士长林。
栋梁有公撑高厚，
榱桷何由纠大寻。
浙水江山经眼半，
文园风月入怀深。
而今不做儿郎做，
归植庭槐长绿荫。

留别有用表弟

祖父虽云隐者居，
子孙从此大门闾。
畏轩公积千年福，
清白家藏万卷书。

命全性二儿

天下无如父子亲，
中间不敢废君臣。
当为中国真男子，
求配名家正妇人。

宗族弟兄宜睦睦，
乡邦朋旧贵恂恂。
顾名思义无他道，
朝夕拳拳此五伦。

示秉全读书兼勉大民彦明侄

尔曹归去及青春，
万里飞腾在一勤。
熟则自然生议论，
富而方可发清真。
揭书句句多题目，
集注章章好断文。
日夕更无窗外事，
不妨睡觉养精神。

又示秉全

归来有则起书楼，
岁月无情早进修。
昌大门闾由尔辈，
百年福地种心头。

示双媳兼诸侄媳

二女闺中命一贞，
德容庄肃止容馨。
一心自照光明镜，
两耳谁闻鄙厉声。
闭口勿言别人事，
立身不负我安名。
尔之兄弟皆同义，
仔细归来说与听。

寄示中直良常兼诸侄辈

吾兄之子弟之儿，
怀抱朝斯又夕斯。
百代箕裘当继绍，
一宗门户着撑持。
尔名有又频思顾，
孝友如山不可移。
第五伦心终夜发，
每当悭此有公心。

寄题曹娥碑四首

次戴竹房韵

几见山陵作浪漫，
世间未有此碑刊。
投江若不逢父面，
空诉冯夷放水干。

次戴竹岩韵

年年芳迹在朝昏，
碑印江头月一痕。
我刊浙东更化绿，
几人为汝作招魂。

次潘雁山韵

一身已不许存亡，
哭入长江觅父魂。
果向水龙宫里见，
两人跃出浪成痕。

次邵梅溪韵

寄言欲问江头月，

嫦娥曾共曹娥咽。
风波面目未分明，
此夜何曾千口血。

寄题露筋夫人三首（次刚中先生韵）

其一

云鬓蓬乱月眉攒，
正是夫人泪未干。
今夜庙前镌片石，
可能镌得透心肝。

其二

滔滔水绕与山攒，
孤庙泥封后土干。
不是夫人筋要露，
要将贞节露心肝。

其三

如何不避剑峰攒，
说到黄泉舌未干。
都道刚肠男子事，
谁知女子亦刚肝。

清泉亭

濯手恐泉污，
不濯疑手热。
将手濯泉中，
借问谁清洁。

题特思山

岭海撑持有此山，
孤高形著两仪间。
烟霞净尽人争见，
风日晴和我正攀。
青则芙蓉天不改，
圆于车盖世应难。
特思时渴云霓望，
便作滂沱雨一番。

咏蝼蚁

至微物物识君王，
道并于人事亦常。
若谓活之都及第，
世间何限状元郎。

自　遣

有时诗兴浓于酒，
口自吟哦坐日曛。
八九不如人意事，
太虚顶上过浮云。

东家渔父问二首

其一

有些风雨便归舟，
个个渔郎尽转头。
借问狂澜今既倒，
何人为我砥中流。

其二

中流砥柱势云孤，
孤节乾坤不可无。
笑煞渔郎江上去，
自将簔笠盖头颅。

西家渔父答二首

其一

簑衣箬笠足藏身，
急雨颠风不怕人。
际此中天明日月，
依然江上理经纶。

其二

经纶手段敢无言，
江上风波贵早图。
得到颠危舟楫甚，
孰为明哲孰为愚？

渔父又问二首

其一

武子当年智亦愚，
到今天地几人知。
渔郎都避风浪险，
谁为烧吾鲁论书。

其二

满天风雨暗江山，
正是忠贞板荡间。
传说未全舟亦具，
极危今日未应还。

渔父又答二首

其一

斜风细雨不须归，
短棹长歌日未西。
我作此图无异计，
抵今江上几人迷。

其二

渔父东西忌一家，
谁愚谁智未应夸。
天晴我亦能开网，
浪打船头始见他。

三、皇帝赠封——明孝宗敕命四道

林廷瓛在浙江温州府永嘉县任知县期间，由于政绩卓著，誉满朝野，孝宗皇帝对林廷瓛及其父母妻子予以封赠，全文如下：

敕曰：国家隆使臣之礼，原教子之功。爵赏既加其身，褒封必及其父。义实通于今昔，制不异于存亡。尔林焕，乃浙江温州府永嘉县知县廷瓛之父，晦迹韬光，读书履善。义方之美，已收效于甲科。禄养之荣，竞遗哀于风木。乃因子绩，昭示褒崇。兹特赠尔为文林郎浙江温州府永嘉县知县。庶灵爽之尚存，服休光于无斁。

敕曰：母之德，不专于鞠育。有教者，存子之职，不限于旨甘，唯名是显。爰锡推恩之命，用成报德之心。尔陈氏，乃浙江温州府永嘉县知县林廷瓛之母，端庄有则，敬慎无违。徵令子之才名式彰，慈训援朝廷之彝典，宜示褒章。兹特封为太孺人。服此光荣，益隆嘉祉。

敕曰：郡县亲民之政，每询于按部之间。朝廷锡命之荣，或出于考绩之外。故法有定制，而恩有特施。凡沾旌异之名，必在褒嘉之列。尔浙江温州府永嘉县知县林廷瓛，拔隽贤科，擢官邑宰，莅下式劳于抚字，持躬克笃于慎勤。荐剡交腾，宠恩宜布。兹特进尔阶文林郎，锡之敕命。於戏，治民先于获上，已徵名绩之良善，始贵乎。保终庶竭，猷为之益。训辞具在，尚克祗承。钦哉！

敕曰：士夫名行，岂无内助之资。朝廷褒封，必有旁推之命。典章具在，风化所关。尔浙江温州府永嘉县林廷瓛妻李氏，出自名族，嫔于儒门。职能供馈，祀之勤居，不废诗书之训。爰因夫贵，用示国恩，兹特封为孺人。益处儆戒之心，以迓嘉祥之至。

时弘治十一年六月二十一日

四、翰墨生辉——明清名人的题赠

大儒陈献章赠诗

明一代大儒陈献章，是伟大的哲学家、思想家、教育家、书法家，也是诗人。他对广府文化乃至岭南文化做出了重大贡献。名师出高徒。他和林廷瓛这种名师高徒之间的唱和，实在是明代广东诗坛一道亮丽的风景和一首音韵绕梁的乐章。前面我们已经欣赏过林廷瓛奉寄恩师的四首诗，现在我们就来拜读白沙先生赠学生林廷瓛的诗吧！

赠南峰廷瓛

黄甲科名重一时，
病夫何早闭斋闱。
洪钧赋予一如是，
问我去来都不知。
人畏丹青应自试，
道能舒卷更何疑。
天机莫道难寻处，
山峙川流尽我师。

怀林子南峰

击玉又敲金，
思君对我吟。
江门临水坐，
明月二更深。

后面这首诗，陈白沙用自制的茅龙笔写成一幅中堂赠给林廷瓛，落款为“贞节堂白沙”，右上角和左下角分别盖上“贞节堂”和“白沙”印章。这幅中堂蹚过岁月的长河，到了清代被翰林陈兰彬发现。这位中国第一任驻美国公使，在上面写下了这样一段跋语：“白沙先生下笔纯任天机，此赠门人南峰先生者，藏林氏家祠，近五百年矣。诗仅廿字，瞻诵移时，不获得两先生杖履也。光绪十六年四月，后学陈兰彬谨识。”在这里，我们看到中华文化影响力之强韧，并不因改朝换代而中断。可惜的是，原藏霞街的这幅中堂真迹，现在却不知所踪，只有复制木刻横幅。

内阁首辅大臣李东阳赠诗

李东阳有诗《赠林南峰之永嘉》云：

楚客曾经粤地游，
每从杭士说温州。
城因海近鱼频入，
山为霜繁稻更稠。
民力故知非往岁，
甲科今已得名流。
登临不与承宣事，
肯放功名过黑头。

从诗题和内容看，是林廷瓛考取进士后被任命为永嘉知县、将要赴任时，李东阳赠予他的一首诗。李东阳在诗中称林廷瓛为“名流”，这可不是简单的事。因为李东阳不但是茶陵诗派的领袖，而且是他们那一代的文章魁首，在政坛上他后来官至吏部尚书、华盖殿大学士、少师兼太子太师，是享正一品待遇的内阁首辅大臣。林廷瓛在弘治三年（1490）庚戌科考中进士时，李东阳就是殿试读卷官。在科举时代，李东阳是林廷瓛的恩师，林廷瓛就是李东阳的得意门生了。无怪乎李东阳有诗相赠。不只为此，林廷瓛知永嘉后，一直受到李东阳的关注。林廷瓛到任后，大刀阔斧地做了一件大事，就是拓展学宫。林廷瓛被提拔苏州府同知后，他的后任继续完成学宫的扩建。李东阳十分高兴，写下了《永嘉县学记略》。文章一开始就表彰了林廷瓛一番。记云："县学自宋元祐间历至国朝，兴替不一。顾其旧址，后逼道院，前迫民居。既隘且敝，不称为施教地。前知县林廷瓛图为改作，拓其故而新之。首建宣圣庙及左右庑寻。"后任知县循继使之完成，使学宫"数十年之陋，一旦成为浙东太观"。

进士伦以谅赞

林廷𤩽的影响力，以及乡贤文化的穿透力，在他逝世以后，不断彰显出来。明代伦以谅题林廷𤩽像赞曰：

星辉王良，海渺衡芳。
绣虎言就，剸犀擅长。
郎星移度，佐我黄堂。
功成熊禬，帝锡鸾章。
厥父厥母，实为显扬。
嗣有二秉，式绍书香。
兆珍其间，居国之光。
百千万祀，斯宦斯乡。

这可以说是伦以谅对林廷𤩽一个很高的评价。伦以谅何许人也？他字彦周，广东南海黎涌人，是名气甚盛的状元伦文叙的长子，明正德十一年（1516）丙子乡试第一（解元），与林廷𤩽长子林秉全同科，正德十六年（1521）登进士第，选翰林院庶吉士。出为山西道御史，后任浙江道御史，不久改任吏部文选科主事，最后仕至南京通政司参议。嘉靖二年（1523）他告老归养，当时林廷玑逝世不久。他所题的赞语，应该是在告老还乡后这段时间写的。赞语开头就称颂林廷玑的道德高尚：“星辉王良，海渺衡芳”。这出自王维祯撰的《槐野先生存笥稿》卷之六《寿封监察御史东村张公序》：“有颂德者曰：星辉王良，海渺衡芳。允矣君子，范我家邦。”接着他赞赏林廷玑的超卓的文才和治事的能力。西汉王褒《圣主得贤人颂》曰：“水断蛟龙，陆剸犀长。”林廷玑既“绣虎言就”，又“剸犀擅长”。由于他佐辅朝廷得力，而常得到皇帝的恩赐，其父母亲也为之显扬。又有双儿传承书香，家乡为之增光。所以这位名宦、乡贤，当之无愧地受到千百万人的祭祀和敬仰。

状元林召棠的序、传与对联

林召棠得知有《南峰诗集》而没有见到，叫善从侄遍访族人寻找，最终找到一本序目虽然残缺而诗篇完整的集子，于是欣然命笔写了一篇内容厚实而感情丰富的《南峰诗集序》：

吾族自教授公始迁，兼山公领乡解首，六世来青公昌大之。至南峰公始举进士，嗣是诗书之泽垂数百年。虽子孙贤愚错出，有逾绳尺，或咸指目之，以戒子弟，非先德之贻，曷克如此。顾先世嘉言善行，谨传诸故老之口，无复纪述徵信，来叶至求其议论文章之美，虽断缣零璧，亦不可得。岂前世简质，不欲以是侈示后人欤？抑兵燹之余，皆归零落也。召棠固陋，尝欲传述旧闻，著为彝训，摭拾近代文艺可传者，裒刻之，为《籯金集》。顾里居日浅，鉴裁庸下，复缩栗而止。今得《南峰诗集》，乃大快之矣。闻南峰公少刻苦以成其名，久游白沙先生之门，德器粹然。出宰永嘉，迁吴郡丞，皆有善政，民尸祝之。既没，而栗主祀于乡贤之次。今读其诗，缠绵悱恻至性，有大过人者。宜其本诸躬行，措诸政事，不期而入人之深也。召棠少时，闻公有诗集，不获见之。今善从侄遍访之族人，仅得此卷，序目残缺而诗尚完具。嗟乎！公之盛德，不仅以诗。顾读公诗，所谓言行文章之美，犹窥梗概。先民典型，唯此而已。然使不搜而藏之，更十数年，并此卷亦付之蟫蠹矣！召棠幸公集之仅存。因叹乎！似此而不传者，固多也。召棠所居之侧，有坊焉。公举进士所建也。遗堵今尚岿然。公退老乡间，有林泉之胜，今其石盘池犹在，制作醇质。召棠每过之，摩挲不能去也。况公诗集也欤哉！

这篇序首先指出了林廷瓛在霞街文化史中划时代的重要地位。他是霞街林族建村后第一位进士。从他开始，霞街诗书之泽垂数百年。其次，林召棠通过概述林廷瓛的简历，指出他的历史贡献、历史地位。他从小刻苦用功，又长期得到大儒陈白沙的栽培，道德修养和才能度量的精华都聚集在他的身上。他出任浙江永嘉知县，后来提拔为苏州府同知，都有好的政绩。百姓为其建生祠。第三，对林廷瓛的诗予以高度评价："缠绵悱恻至性，大有过人者。宜其本诸躬行，措诸政事，不期而入人之深也"。他言行文章之美，堪为先民典型。最后，林召棠通过记述林廷瓛的文化遗存，抒发其对廷瓛公的敬爱之情。

林廷瓛之诗、林召棠之序，堪称霞街古代文坛一组雅韵！

林召棠除了为《南峰诗集》作序外，还撰写了《林南峰先生传》，此传刊于光绪《吴川县志》。全文如下：

林廷瓛，字公器，号南峰，世居下街[1]，受业白沙先生[2]，登弘治庚戌（1490）进士。初令永嘉，开拓学宫，兴起斯文。（黄通志）弘治九年（1496），由永嘉知县升苏州同知，勤敏有才干，奉身廉约。尝部粮至京师，毕事而归，于民无借贷。郡委监造夏、周二公祠，不两月，堂庑门垣装治皆具，而费银才六百星。又尝奉巡抚檄，清理崇明沙田产丈量，宿弊尽革，后遂遵用其规（苏州志）。严革织造陋规，大甦民困（黄通志）。甫三载以丁忧去（苏州志）。后补建昌同知，清戎裕饷，以廉明著（黄通

① 光绪吴川志出版时作“下郭”。
② 光绪吴川志作“陈白沙”。

志）。既去，士民建生祠祀之①。生平笃志理学，功名富贵淡如也（黄通志）。从祀永嘉名宦，祀郡邑乡贤。子二：长秉全，字子行，正德丙子举人，官建宁通判。次秉性，字子存，嘉靖间岁贡生②，官吉水主簿（县志）。

此外，林召棠还为乡贤林公祠写了一副内容文采俱佳的楹联：

秉道宣犹，师事江门，宦事吴门，百世范模斯在
尚德崇贤，芹馐学祀，蘋馐家祀，千秋筵几常新

林召棠的《林南峰先生传》和对联给我们后人为乡贤公林廷瓛立传提供了一个很好的纲，纲举才能目张。

---

① 光绪吴川志作“建生祠以祀”。
② 光绪吴川志作“明经”。

翰林陈兰彬的楹联与匾额

如果说状元公林召棠对林廷瓛怀有一种深情的话，稍后于他的翰林陈兰彬对林廷瓛则怀有一种激情。他除了在白沙先生写给林廷瓛的中堂上题了跋语外，还于光绪戊子（1888）秋月为乡贤林公祠书写了三个门额：

乡贤林公祠

宦传苏建

贤著高凉

陈兰彬让自己的得意门生李小岩代作一副乡贤祖祠联，自己又亲自敬题两联：

（一）

垂不朽令名，浴德澡躬，何愧白沙高弟

锡无疆厚福，光前启后，允为南国伟人

（二）

三千里外路出莆田曾瞻坊树霞街山水回环俨同此地

四百岁前道传公甫尚有诗楼茅笔师生讲授可想当年

对于此联，有人说是乡贤祖祠鼎新志喜联，也有人说是林南峰书院联。从内容看，下联说到诗楼茅笔、师生讲授，后说可能性较大。当然，还有一种可能，就是先为林南峰书院联，后来乡贤林公祠维修完成后，也将此联挂于祠内。祠内还有陈兰彬所赠金匾：

文光射斗，翰墨生辉

陈兰彬（1816—1895），字荔秋（丽秋），广东吴川人。他从政多年，为中外文化交流、为维护中华利权披肝沥胆，“开创了中美外交史、文化交流史的第一篇，为中国从封闭走向开放、秉正义震慑邪恶、以弱国抗争强权的历史谱写了第一页”，堪称“立德、立言、立行三位一体，功德兼备，百世流芳”①。

陈兰彬传统文化功底深厚，笔耕勤谨，不失其文人本性。著述甚丰。王杰、宾睦新编，由广东人民出版社出版的《陈兰彬集》就有一百九十万字，分成五册，第五册为诗赋、楹联专辑。他为林廷瓛

① 王杰、宾睦新编《陈兰彬集·前言》。

祖祠等处题写的对联、匾额，大多收入其中。他参与重修的《高州府志》《吴川县志》也保存了不少有关林廷瓛的资料。正是林召棠、陈兰彬这两位由吴川养育的翰林双星的风流文采，使乡贤文化绽放出更加灿烂的光辉。

诗人李小岩的对联

李小岩是陈兰彬的得意门生，陈兰彬让他代其写了下面一副乡贤祖祠联：

万丈赤城标，霞蔚云蒸，海国衣冠名族盛
千秋白沙绪，芹馨藻洁，江门风月钓台高

代他人写作，作品署他人之名的事常见。故说此联为陈兰彬作品未尝不可。但由于此联实际上出自李小岩之手，故我们在这里列于李小岩名下。

李小岩，名文泰，吴川吴阳李屋巷人，清同治庚午（1870）举人，九岁能诗，曾经得到状元林召棠的指点，系陈兰彬的学生。林召棠逝世后，其悼词实际上是李小岩写的。悼文情深意切，评价到位，很是难得。著有《海山诗屋吟草》《海山诗屋诗话》《李小岩诗文集》等，还协助陈兰彬修《吴川县志》，世称才子。近人李欣主编的《古今吴川诗选》所刊其诗达 339 首之多。他还有七十副对联，刊在近人黄志豪主编的《吴川古今对联选》上，是清末吴川一位高产诗人。

五、诗书润泽——林廷璥对霞街林族的影响

前面提到，林召棠认为，林廷璥考取进士之后，霞街林族“嗣是诗书之泽垂数百年”。就古代传统文化而言，霞街林族，书香潮涌，宛如吴川八景“东海朝阳”之东海，后浪推前浪，一浪更比一浪高。先是林廷璥两位公子中举、拔贡，再是林闱阶连捷进士，霞街林族文化达到一个新的高度。后来居上，林召棠高中状元，把霞街古代文化提升到了顶峰！当然，林廷璥的文化影响力，又何止在于霞街，从吴川翰林陈兰彬身上、永嘉榜眼王瓒身上，我们都可以看到他的文化推力。

秉全秉性续书香

明进士伦以谅在其林廷玉像赞中说："嗣有二秉，式绍书香"。讲的就是廷玉公的两个儿子秉全和秉性延续了家学传统，为霞街林族的文化传承做出了自己的贡献。

林廷玉对儿子的教育很严格。他要求儿子"当为中国真男子"，教育子侄们要有勤奋的学习态度和好的治学方法："尔曹归去及青春，万里飞腾在一勤。熟则自然生议论，富而方可发清真。揭书句句多题目，集注章章好断文。"当长子出仕后，他又要求其"归来有钱起书楼，岁月无情早进修。昌大门闾由尔辈，百年福地种心头"。廷玉公不但亲自教子，而且要求妻子李氏"教儿早继登云业"。妻子做到了，所以孝宗皇帝说她"不废诗书之训"。夫妻配合，育子成材。

长子林秉全，明成化癸卯（1483）正月十五生，字子行，号钟山，谥承直郎。明正德十一年（1516）丙子科举人，与解元伦以谅同榜，授福建建宁府通判。明定安王宏海题林秉全像，对其作这样的评价："惟公亭亭，束发受经。已千已百，磨就青萍。有天不负，秋鹗摇翔。登坛三载，食饩十龄。学优而仕，别驾建宁。金籝不满，书囊惟馨。南峰之训，一支来青，而孙而子，亦敬亦听。”①

次子林秉性，明弘治乙卯（1495）五月廿四日生，字子存，号欧山，谥宽洪将士郎。由拔魁任江西吉安府吉水县主簿。其子林瀞，由岁贡任廉州府训导署钦州市继任钦廉学正。他们父子虽然科举地位不是很高，但同样致力于服务社会，延续着书香世家的优良传统。

① 清光绪《吴川县志》。

连捷进士林闱阶

中华文化的强韧性，在霞街文化史上得到充分的体现。历史翻页，明清更替，但霞街林族的传统文化不断发展。进入清代后，霞街林族中举喜报频传：

林春泽，字卿甫，康熙四十四年（1705）乙酉科中举，后授湖北黄安县知县。至乾隆三十年（1765）乙酉科，得以重宴鹿鸣。

林式君，字朝衡，康熙五十三年（1714）甲午科中举，拣选知县。

林邦珖，乾隆十七年（1752）壬申恩科中举，任江西分县知县。

林云汉，乾隆十八年（1753）癸酉科中武举，授雷州都督。

到了乾隆廿一年（1756），“家本寒素”的林闱阶于丙子科考取举人，接着于乾隆廿二年（1757）丁丑科连捷进士（该科小金榜还存放在中国第一历史档案馆中）。以其为标志，霞街林族文化跃上了一个新的高峰。

林闱阶，字云衢。清光绪《吴川县志》有传。

林汉英亦曾为其作传，载《霞街林氏族谱》。林闱阶小时候，家境十分贫寒，但刻苦学习，具备多种能力，而且精神独立，“不遂时好”，到入学读书时，简直就是“学霸”，“以县试第一补诸生，复以第一人食饩，丙子登贤书（中举），丁丑成进士”。尽管家境甚贫，却不喜欢经商，而是行医，且精于医术，经他医治的病人，“多所全活”。他还著有《药性赋》：

夫济世之道，莫若于医。治病之功，莫先于药。故医称九流之国手，药乃百草之根苗。未立汤头，先晓药性：附子、玉桂，有回阳返本之功；人参、鹿茸，有补元生脉之力。黄芪、炙草，补中气之不足；熟地、龟胶，滋肾水之有余。白术、淮山，健脾而益胃气；当归、川芎，调经而补阴血。枸杞、鹿胶，壮精血而补相火之衰弱；首乌、必甲，除疟热而益肾阴之虚微。紫河车，能补五痨併七伤；牛乳汁，最益十虚和九损。白茯，化虚痰而宁心志；茯神，定惊悸而理怔忡。巴戟、苁蓉，添精血而益肾阳；萸肉、胡桃，增骨髓而补肾元。阿胶，养血而润肺气；降香，顺气而止逆经。韭子、锁阳，治男子阳事不举；羊藿、天雄，医妇人子宫虚寒。生地，凉血而清肝肺；蒲黄，止血而治崩漏。远志，补心神而定惊悸；枣仁，温脾胃而益心志。朱砂，镇心而安魂魄；辰砂，宁神而辟恶邪。元眼肉，开心窍而降心火；柏子仁，补心血而除心烦。犀角、沙参，解心经之热燥；羚羊、石斛，清肝肺之郁火。地骨、青蒿，能去有汗之骨蒸；银胡、玄参，可降无根之伏火。黄连，解大热而泻心火；栀子，消郁结而凉心肾。黄芩、柴胡，解表而退热；花粉、干葛，止渴而疗肌。香薷、扁豆，消暑解热之功高；紫苏、麻黄，伤寒发表而神效。常山、草果，治疟疾之战烘；神曲、砂仁，消脾胃之食积。羌活，去太阳之头风；石膏，除阳明之里热。杜仲、乳香，救腰痛之强紧；秦艽、独活，疗脚腿之疼痛。桂枝、牛膝，理手足之拘挛；狗脊、独断，调腰骨之麻痹。薏苡仁，消水肿而除脚气；枳椇子，润五脏而解酒醒。虎骨、祈蛇，追风壮骨；风蓁、年健，活络舒筋。灵仙、寄生，除足膝风之肿气；寄奴、木瓜，疗股胫之风湿。川乌，入筋骨而搜风痹；姜黄，行四肢而破瘀痰。甘菊，明目而清头风；荆子，利眼而解脑痛。紫苑、冬花，专治虚劳咳嗽；南星、半夏，最化风寒痰涎。木香，调气而止胃痛；沉香，下气而消寒痰。莱菔子，破食痰而消积滞；橘红皮，散风寒而除喘咳。青皮，破气而疏肝；陈皮，消痰而止呕。乌药，顺气而和三焦；枳实，快膈而利大便。阴风，无如全蝎；淋痛，莫若金沙。通经破瘀，无非三棱、莪术；通经活血，不外桃仁、红花。白芨、浙贝，能治肺痈；土茯、银花，可解疔毒。海藻、夏枯草，消瘰疬之有名；川楝子、小茴香，除疝气以堪夸。麦芽、山楂，胃中之宿食可去；葛花、破石（穿破石），酒顶之气积能消。苍术去湿除邪；乌梅生津止渴。兰（白）花、昆布，疗膀胱之疝气；大茴、柑核，治便隧之肠风。椿皮、棉核，疗妇人之白带；白薇、蛎粉，治女子之浊淫（热淋）。蚕茧、丝饼，安胎第一；祈艾、母草，补产无双。丹参、丹皮，散血至易；泽兰、苏木，破瘀无疑。大黄、朴硝，解大肠之热结；前胡、瓜蒌，消五脏之实痰。桑白、复花，泻肺火而止逆咳；百合、五味，敛肺气而治虚劳。丁香，止吐而治胃痛；干姜，暖胃而散风寒。瓜蒂吐痰，能除气急；白矾逐痰，可定哮喘。大黄解毒而通大肠之热闭；巴豆透肠而攻脾胃之冷积。荆芥、薄荷，疏风甚速；猪苓、泽泻，利水至易。胡椒，温脾胃而除冷痛；吴萸，散风寒而止吐酸。竹茹、柿蒂，热呕能止；藿香、苏梗，冷吐可疗。扁蓄、瞿麦，泻膀胱之湿热；木通、车前，清小便之浊黄。黑丑、滑石，极利小便；赤茯、灯芯，专通水道。痰在四肢，无竹沥水不能达；痰在两胁，非白芥子不可除。玉叩（肉蔻）、故纸（即故破纸、补骨脂），肠寒冷泻甚美；灵仙、香附，气痛瘀滞尤佳。良姜性热，佐菖蒲，可疗心痛；郁金味寒，入玄胡，能治腹痛。胡连、芦荟，治小儿之疳患真验；君子、雷丸，去孩童之虫积有名。里明、防风，消皮肤之燥痒立效；黄柏、鹤虱，解阴囊之湿毒如神。石脂、龙骨，极易生肌；白蜡、象皮，善能收口。榴皮、粉草，解胎毒，治泄下之锁患；螳螂、土必，祛风痰，疗婴儿之疫症（急惊）。金箔、淡竹，善定惊跳；蝉蜕、灯芯，可止夜啼。勾藤、天麻，治小儿之风痫抽搐；白付、全蝎，疗孩童之气壅痰升。胆星、牛黄，急惊莫缺；竹黄、僵蚕，中风不离。琥珀、玛瑙，慢惊当先；轻粉、硼砂，疳疔为首。皂角、细辛，通关至妙；川芎、白芷，头风高强。蛎粉敛肛门；榴皮塞痢疾。肥儿生肉，无如水仙、黄茄米；开胃进食，无如人参、麦芽糖。苏子降气而定喘；枳壳宽中以利肠。厚朴去滞而快气；槟榔破气而消食。桔梗开胸而利肺；山楂消积而开胃。川贝、杏仁，宁咳嗽而化痰郁；麦冬、天冬，清心肺而除烦热。知母、黄柏，滋阴化痰，能除虚火；白芍、北味，敛肺平肝，可治郁痛。乌贼骨，止带而除崩漏；鲜藕节，消肺热而止吐衄。辛夷塞鼻嗅；茅花止鼻血。贯众（管仲）、血余，最易止血，又能治崩化骨；王不留行、通草，善于下乳，而且消痈催生。马蔺子及花叶，治疝痛、喉痹，兼调心气烦闷；蓖麻子和麝香，贴口眼歪斜，又通鼻塞耳聋。官桂、荜拨，虚冷肠鸣、吐酸必用；甘松、山柰，心腹冷痛、霍乱堪投。久年心痛，狼毒断根；远年积块，獭肝清除。血结症瘕（小儿积症），可用阿魏、干漆；肠毒痔漏，无如紫荆、猬皮。无名异，能救杖板重刑；紫金丹，善疗跌打刀伤。紫苏、甘蔗，救产后休克神效；棕灰、莲蓬，疗小产血崩立安。天仙藤，堪理孕妇之水肿；片条芩，可安妊娠之胎动。石苇子，通膀胱而治五淋；冬葵子，疏关隔而利小便。白蔻，止呕吐而治气闷；草蔻，破胃积而调寒痛。镇肝明目，青葙固宜；去瘼洗眼，木贼必下。益智仁，缩小便而止反胃；葫芦芭，固肾气而暖三焦。跌打损伤，不离田州三七；血激攻心，必要真正熊胆。大便下血，大小蓟能止；小肠气痛，荔枝核可安。葶苈，去膈中之水气；茵陈，消皮肤之湿黄。佛手、芦根，翻胃嗝噎必要；苏子、荸荠，痰饮膈食堪尝。海浮石，去多年之痰积；天南星，除日久之顽痰。金沙、皂矾，消五脏之黄疸；水蛭、虻虫，化两胁之血块。咳嗽失声，莫过柯子、五味；虚劳喉痛，不离柿霜、柯梨（鹅梨）。芥穗、茜草根，堪疗肠风下血；川连、鸦胆子，可止大肠热痢。甘遂、白丑，能散下部之水肿；芫花、大戟，可消腹水之停流。生芪、山甲，有消疮托毒之施；木必、雄黄，有散毒除肿之用。解毒化斑，不辞连召、牛子；排脓止痛，无如白芷、乳香。麝香，通关透骨，风毒大退；冰片，利窍坠痰，点眼去瘼。紫草，透肌通窍，麻豆已至黑色必要；枝栀子，清心退热，麻豆初起夹毒偏宜。猪甲、蟾酥，治远年之顽癣特异；石连、香附，医九种之心痛称奇。莲蕊涩精；起石助阳。马兜铃平喘；浮小麦止汗。菟丝填精；黄精补髓。檀香祛邪；息香逐疫。上述有如此者，故本草增删药性，至若实用，全在医家之能。神而明之，化而裁之，可焉。聊备简辙梗概，集编而赋①。

除了悬壶济世，林闱阶还“以文章指画后进，故多士乐就门墙”，而且成绩突出。林召棠的父亲林

① 林钊富提供赋文，载《霞街林氏族谱》。

雨屏就曾经得到他的指点。清光绪《吴川县志》载，林雨屏“成童，从进士叔祖闱阶学为文，旋补学宫弟子食饩”。可见林闱阶在教书育人方面，功不可没。

清乾隆三十一年（1766）林闱阶去北京，第二年被任命为山西灵石县县令。他当知县时，“不生事以扰民，不怠事以疲民”。当时的灵石县，地险民杂，民风好赌，盗贼出没无常。林闱阶不避艰苦，尽心竭力，锄莠旌良。在短短五十四日之内，把所有复杂困难的公事都处理就绪。而恰政绩突显之时，他竟然被查处，借口是：闱阶公因灵石县处于交通要道，供应来往官员人等的物件很多，过去都是向民间征贷，百姓不堪其苦。他一方面养廉，另一方面用公款购置一些供应往来官员使用的物品，以免继续扰民。这本来是件好事，但上司居然以此为由，要罢林闱阶的官。而实质原因是，过去知县在向民间征贷过程中进行贪污，同时用其中一部分贿赂上级。林闱阶此举一出，虽深得百姓拥护却堵了别人的财路，腐败的上司自然不容。林闱阶去位之日，灵石县父老奔走哀号，要为这位好知县申诉，林闱阶极力阻止。他对百姓们说：“一官何足惜，故乡亦可怀，只是我走了以后，我们地北天南，将成永别。

你们这种依依惜别之情，使我甚感凄怆，我离开后，希望你们交完赋税，乡邻和睦，倡扬道德，安居守法，共享太平。若能如此，我们虽然相隔万里，也好像我在灵石一样了。”为此事，林闱阶写了一篇《灵石解组记略》：

余少贱多能，不逐时好。成童时，以县试第一补诸生，复以第一人食饩。丙子（1756）登贤书，丁丑（1757）成进士。家甚贫，不喜货殖，而业于医，多所全活。又，时以文章指画后进，故多士乐就门墙。束脩问馈，藉以自活。丙戌（1766）随计入都。丁亥（1767）待罪灵石。灵石，地当冲衢，供帐繁扰，往往征贷民间，余甚悯焉。冀以养廉之余，置官物以省假借。不谓竟以此被议。又，灵石地险民杂好赌，盗贼出没无常。锄莠旌良，厥心亦苦矣。在任仅五十四日，不生事以扰民，不怠事以疲民。治丝棼，如事将就绪，而卒以见废。岂非天乎！去位之日，父老奔走哀号，每欲为吾陈诉。余因不使之行者。穷达有命，非人之所能为也。一官何足惜，故乡亦可怀。惟是地北天南，将成远别，依依赤子，怆予怀耳！予归之后，愿尔士民完逋欠，睦乡邻，敦孝悌，画地刻木，共沐太平之休。则虽相隔万里，亦犹吾之在灵石也夫！

离开灵石时，林闱阶还写了一首情深义重、内心痛切的《菩提寺留别父老》：

滞雨连霄凄复凄，夜深无语对菩提。
慈悲孰济群生苦，定慧吾惭四大迷。
山叠奇峰围郭险，水蒸灵石触云低。
归心也共钟声断，泪带秋风落叶啼。

正如林闱阶所说，“故乡亦可怀”，他对家乡美景，情感尤深。至今还流传着他写的四首吴川八景诗：

极浦渔归

芦荻溪边暗酒家，渔人沽酒傍芦花。
朝飞轻艇随饥鹭，夕棹残阳向宿鸦。
灯火满江看渐近，榜歌沸水听逾哗。
卖鱼夜趁滩头市，醉倒无扶卧白沙。

文翁耸翠

平芜落尽簇高冈，削出峣峰俯大荒。

雨过春烟飞黛碧，月明秋水上葭苍。
海中鳌断蓬遗股，岭外天开岳一方。
千载名同人化蜀，笋班罗列在偏旁。

东海朝阳

曈曈瑞霭跳金丸，倒映西峰坠晓寒。
鸡唱扶桑才一线，蜃成楼市已三竿。
烟开鳌背清光黑，雨过龙鳞照耀丹。
徐福丱兮何处去，朝来谁为洗铜盆。

丽山樵唱

牧笛先闻山上山，樵歌又出翠微间。
斧声入韵珠喉啭，柴担无弦野调闲。
曲向云林深处度，腔从泉石转中弯。
鹃啼鹤唳相赓和，归路牛羊听鸟蛮。

林闱阶的文化遗存除了上述诗文外，《建张惠二公祠碑记》也是他的佳作。全文如下：

先王之制，祀典也。捍患御灾，则祀之；能赏均法，则祀之；明民供财，则祀之。非此族也，不在祀典。所以崇德报功，而黜淫祀之妄举。吴川自康熙十七年（1678），越三载，土寇冼彪，勾引海寇谢昌等，盘踞内地城西一带，蹂躏荒残。剿灭之后，按户比征，流亡未复，波及亲邻，贪墨之吏，复肆酷凶。系累相望，田卒污莱。积连一十余年。父老所传，一走土寇冼大鼻，再走署县老彭。谈虎色变。何况当时，幸神君秦讳松如，承侘傺之余，劳心抚字，未获安宁。力请宪台，会题蠲免。时张公讳奇英，以兵部进士第一人，总戎高雷廉，目睹吴电二邑凋疲，绘图入觐。伏承圣祖仁皇帝，亲咨民瘼。公委曲言状，涕洟交流，精诚所格，感动宸衷。敕部蠲免吴电逋粮二千余石。由是鸡犬不惊，井里复业。时康熙三十一年（1692）也。衣食足而礼义兴，农耕于野，士肄于庠。暮夜绝追呼之扰，泮水扬芹藻之风。家有弦，户有诵，盍吾人沐浴于太平之泽者深矣。康熙六十一年（1722），学院惠公，讳士奇，由翰林侍读，提督全粤学政，首以古学倡率士子。栖临高郡。知吴士俊髦济济，而额溢孙山。奏广吴学生员四名，又谆谆以经史相劝勉。谓前粤士，习操觚，事帖括，而鲜淹通。公点定劝学二编，以为程式。盍作文不知左国，犹瞽之无相，伥伥其何之。更以三礼烦碎，士子罕读。特自设定通解，以便士子讲阅。于是粤士咸知经史，而吴邑科名日盛。流风余韵，文教日新。是吴之人，生于张而教于惠。衣被者，不止在吴，而吴尤其切至者也。吴人食二公之德，饮二公之和，报答无由。雍正初，敬设张公尊主，供奉于文阁下。乾隆八年(1743)，又敬设惠公神主，同龛合享，而未有专庙。庚辰（1760）冬，贡生麦为仪、生员林玉泽首倡大义，力劝捐题建二公祠宇首事。贡生薛裕、陈道源、杨藩、吴文蔚等，踊跃捐题而苦不给，伯泽乃朝夕竭力经营，艰难告竣。合捐题银若干，溢费若干。建祠附文阁东偏一堂一门，意存饩羊耳。落成之日，合邑欢赴，以刚柔牲仪，迎主敬奠，用妥公灵。众议享文昌之日，春秋各举一祭。绅士咸在，必敬心诚，庶以报公于万一。而精爽于此式凭乎！夫出水火而登衽席者，张公也，是捍患御灾而供财者也；宏汲引而泽彬雅者，惠公也，是能赏均法而明民者也。皆祀典所载，毋容议者。乃吾人犹以规模隘小，血食无资为病，则又在有力好义者之善其后云①。

① 道光《吴川县志》。

此记不但文采风流、内容确实，而且歌颂了张惠二公为吴川民生、教育事业做出的重大贡献，为我们保留了重要的历史资料。

最后，需要特别强调的是，林闱阶传承了林廷𤩽清廉勤政、功名富贵淡如也的精神，即使去官回家，也“无荣辱之色”。

独占鳌头林召棠

霞街林族，在连捷进士林闱阶之后，科举人才继续涌现。

乾隆二十七年（1762）壬午科，林香宾中举，授广东增城教谕。

乾隆三十九年（1774）甲午科，林开第中武举，授武信郎。

乾隆五十三年（1788）戊申恩科，林雍中举，拣选知县。

乾隆五十九年（1794）甲寅恩科，林懋昭中举。

嘉庆十五年（1810）庚午科，林士奇中举，拣选知县。

嘉庆十八年（1813）癸酉科，林纪蕴为恩赐举人，授广东阳江县训导，后迁福建永安县教谕。

嘉庆二十四年（1819）己卯科，林鹤龄中举。

道光二年（1822）壬午科，林锡爵中举，授河南真平县训导。

经过这段时间的文化积累，霞街林族又出现了众星拱月之势。道光三年（1823）癸未科，林召棠高中状元，一下子把霞街古代文化推到了顶峰。

文脉绵延，还有：

林廷式，于道光十二年（1832）壬辰科中举。

林兆蓉，于同治九年（1870）庚午科中举。

林翰贤，于光绪元年（1875）乙亥恩科中举。

林隆州，于光绪五年（1879）己卯科，成恩赐举人。

林栋，于光绪八年（1882）壬午恩科中举。

林泽，于光绪二十三年（1897）丁酉科中举。

林鋆成，于光绪二十六年（1900）辛丑恩正并科中举。

作为霞街古代传统文化最高水平的代表人物林召棠，同时也是古代吴川乃整个古代粤西传统文化最高水平的重要代表。为此，我们先后编写了《斗南一老——岭南状元林召棠传》《林召棠诗存》《墨香氤氲——状元林召棠端砚铭赏析》（均由广东人民出版社出版）。另外，在《广东省社会主义学院学报》（2008 年 7 月）发表了《林召棠及其〈心亭亭居诗草杂存〉》一文，在《湛江日报》发表了《状元林召棠对岭南文化的贡献》。当然还有其他一些学者编撰了有关林召棠的论著。随着研究的深入，我们还收集到许多有关他新的资料，待整理完成后再正式出版，对有的已经出版的著作也将进行增订。到时我们将能从更高的高度认识我们古代粤西的文化高峰。在这里我们只是从某些角度去介绍一下这位粤西德高望重的状元。

一是道光三年（1823）癸未科林召棠天下第一策。林召棠中状十六年后，谢兰生叙的《历科状元册》内刊有林召棠对策的最早文本，也是完全按照殿试卷格式刻印的版本。与现在出版的一些文本校勘可知，现在出版的某些文本存在个别错误。林召棠的对策，在回答第一个问题时就表现出极其惊人的理论勇气。在提出有关教育的一系列问题之前，道光皇帝首先说："学校者，人才之本，风化之原也。"对此，同科贡士王广荫（殿试中榜眼）在对策中说："崇学能以明伦。"这实质上只是重复了道光皇帝的后半句话。而另一位同科贡士周开麒（殿试中探花）在对策中则说："教育者，兴贤之本。"这明显是重复了道光皇帝的前半句话。他们的回答，完全没有新意。林召棠则在道光皇帝论断的基础上更深刻地指出"致治本于育才"，后来又进一步说"此诚致治之首务"，一下子就把学校教育的重要性提高到治理好国家的根本和首要任务的高度上来。这无疑是正确的，但这样突破皇帝的框框又是有风险的。而林召棠就敢于做出这一理论突破，林召棠的理论勇气还表现在他回答第二个问题时敢于矛头向上。他提出，崇俭要从上面做起。“谨之自上，正其本”，“制之于下”只是“防其流”。用现在的话说，就是反腐倡廉的根本，要从上级领导抓起。没有勇气是不敢这样尖锐地提出这种观点的。此外，在纳谏的问题上他提出“去私”的观点，臣子提出建议时，不要有私心；研究判断臣子的建议时，要注意其是否存在私心，采纳建议时也要抛开私心。这也都是十分精辟的见解。林召棠的对策，从总体上看，可说是博而精，高且深。“言者，心之声。心真者，言则坚；心和者，言则畅；心明密者则审且辩。”（谢兰生语）林召棠之天下第一策是也。如能实施，足以佐君王，利社稷，福苍生。可惜当时朝廷没有施行，他自己又没有机会从政，殊为可惜。但只要有机会，他都坚定地实践自己的理念观点，做到知行合一。例如，他在道光十一年（1831）出任陕甘乡试正考官时，强调考官评阅试卷时要“惟其道之是，而不任私心”，这就践行了他在殿试对策中提出的“去私”的观点。由此可见，他要求考生“修辞立其诚”，做到表里如一，言行一致，而他自己就率先垂范了。从林召棠的天下第一策，可见他的知识十分渊博。譬如他在回答关于水利问题时，对滹沱河、漳河这两条京城五川中最大的河流的源流、水势、交汇、出海口等以及前人治水的历史经验都能准确地加以阐述，并以此为基础发表了自己关于治河的深刻见解。对于水利的了解，林召棠远不止于京畿。他治河一赋，把黄河源流、形势、古今治理之不同以及自己的意见都以优美的文辞透彻地呈现出来。

二是林召棠所坚持的民族精神。爱国主义是中华文化基本文化精神的重要内容，鸦片战争是对中华儿女爱国精神的检测器，林召棠在鸦片战争时期的种种表现，都体现出他的爱国情怀。他和抗英、硝烟英雄惺惺相惜，对林则徐予以高度的评价："总督林则徐，福建人，所至有声""文忠之谥，近时罕有，公殆不愧，可继欧阳永叔、苏子瞻两文忠之后矣。"而林则徐赠有寿联给林召棠："彩衣荣似三公衮，珂第祥留五色云。"林召棠坚定地支持禁烟抗英。他在诗中把鸦片比作"蛟涎蜃雾"，认为这些乌烟瘴气是要廓清了。他希望有精兵强将打败英国侵略者，"安得水犀万强弩，末派龟鱼齐馘首"，从而恢复社会的安定祥和："何时朱鹭铙歌典？谱入嵩呼雅颂声。"林召棠的诗赋，大部分都是歌颂祖国的大好河山。从广东到北京，从江南到华东，从长江到黄河，都是他咏唱的对象。他无时无刻不心系国家的安危，即使夜半狂风大作，犹如千军万马、金戈铁燎槊交锋，他想到的也是边境抵抗外敌，保卫国家的安宁：“忽忆西羌正薄伐，雪山铁岭高巃嵸。安得猛势姿豪横，犬戎迅扫摧秋蓬。”他歌颂冼太夫人治军有方，英勇无比：“海日十丈蒸红云，绣伞高张鹅鹳群。不识英姿出巾帼，角鸣疑下飞将军。”也歌颂冼太夫人的战绩，但他更加称赞冼太夫人维护中国统一的民族大义：“人羡夫人勇无敌，我道夫人勇胜人，识在机先尤绝伦。偏师不作女天子，率乃子孙称外臣。”这些诗歌中，都体现了林召棠的爱国精神。自强不息，是我们中华民族精神的基本内核，召棠公一生都坚持这种精神。咸丰六年（1856）除夕，林召棠为其次孙林晋坚书写了一条横幅——“自强不息”，并作跋云：“精神日用则日生，日耗则日怠；自奋则百事可成，自弃则置身无所；成败之机，断之自我。能自振奋，此其时矣，不容缓也。”他在遗嘱中也告诫子孙“勿怨贫，勿自弃；勤者生，怠者死”“奋逸自立，无畏辛苦”“竖起脊骨，立志为止”。这些都是自强不息精神的体现。

三是林召棠的诗赋文章溢彩流光。我们已经出版了《林召棠诗集》，现在又有新的发现。我们原来只知道林召棠从小喜欢四六文，不知他有赋；后来看到其次子写的行略，知其曾有赋稿；现在我们终于看到他写的文光流彩的赋以及他与别人合编的赋抄。至于文章，除了对策所展现的风流文采外，其他许多文章也都是诗情画意，屑玉碎金。在这里我们可以欣赏一些段落。

林召棠描述自己鉴赏端砚时的感觉："午窗乍启，花气入帘，净几横陈，井华涤濯，琳腴辉焕，麝脐香流。"(《砚铭序》)

对于林辛山的《馆阁诗话》，他这样描述："综其众制，别具慧裁。诗取断章，竽工独奏。彦国屑玉，安石碎金。都为一编，艳如蕃锦。昔秋云陇首，见重名流。疏雨梧桐，亦称清绝。"（《家辛山馆阁诗话序》)

关于宗祠的功能，林召棠这样描写："夫古人知族之远而势将漓也。有大宗小宗之系，有亲族睦族之谊；庆则同其喜，凶则同其忧；合之食，以联其情，制之祭，以作其敬；义庄义田，以溥其恩惠，家仪庭诰，以齐其志行。善乎！"这样的美文处处可见。拜读林召棠的诗赋文章，对其积如山、淀如海的知识底蕴和文学涵养可以说是叹为观止。

在《杨柳共春旗一色赋》中，林召棠这样描绘：“考华林之轶事，有开府之文章。溯佳辰于洛浦，齐胜饯于羽觞。鸟歌乍转，桐乳初长。射正设而云丽，金埒开而草香。尘清绣轭，花点游缰。一桁风丝，春色渐笼于平乐；久游云影，天光低度乎长杨。则有宛宛临流，纤纤垂柳，混麦浪兮疑无，拂桑技兮乍有。一夜龙池新沐，谷雨晴初；几番风禁轻阴，杏花飞后……”我们再看他的诗《墨香》：

墨香茶韵篆烟斜，小院帘垂静不哗。
朗月照人凉似玉，淡霞烘雪嫩于花。
清歌窈窕思兰桨，薄醉瞢腾隔绛纱。
一度销魂一回别，此中容易损年华。

独占鳌头的林召棠并不认为自己的德才是无源之水，无本之木。他说，霞街林族“至南峰始举进士，嗣是诗书之泽垂数百年”。林召棠自然也深受浸润。从《南峰诗集序》中可以看出，林召棠对乡贤祖的继承，主要途径有：首先，先世嘉言善行，“传诸故老之口”。用现在的话说，就是口述历史。他说：“闻南峰公少刻苦以成其名，久游白沙先生之门，德器粹然。出宰永嘉，迁吴郡丞，皆有善政，民尸祝之。既没而栗主祀于乡贤之次。”所以，我们希望父老乡亲，尽可能多了解老辈们的德行善举、文化成就，并以此教育我们的子侄孙辈，为霞街的文化传承多做贡献。同时，林召棠对林廷瓛的继承，还在于古代优秀文献的研读。他在《南峰诗集序》说：“顾读公诗，所谓言行文章之美，犹窥梗概，先民典型，唯此而已。”所以他“幸公集之仅存”。到了现在，公集却已不存，吾其不幸也。这里，我们说到了两件事，一是经验，二是教训。经验是林召棠重视古代优秀文献，通过研读认识林廷瓛是“先民典型”。教训是《南峰诗集》的失传。这类事情我们不能再重复了。我们霞街古代文化发达，至今一定还有许多私存文献，希望能够正式印行，以利于研究、宣传和保存。林廷瓛对林召棠的影响，还通过他遗存的文物。林召棠说：“召棠所居之侧，有坊焉，公举进士所建也，遗堵今尚归岿然。公退老乡间，有林泉之胜，今其石盆池犹在，制作醇质。召棠每过之，摩挲不能去也。”由此可见，齐心合力保护霞街的文物是多么重要。让我们都为霞街诗书之泽永垂而贡献力量吧！

后　记

林廷瓛是广东吴川一位重要的历史文化名人。为了弘扬传统优秀文化，增强文化自信，我们编写了《百世范模林廷瓛》一书。在编写、出版的过程中，得到了南方日报出版社以及林海华先生、阮清钰先生、吴蓉小姐、林振潮先生、林晓先生、林艺先生、林源先生、林卫强先生、林华康先生、林振华先生、林养先生、林木先生、林颐先生的大力帮助和支持，特此致以深深的谢意！

由于我们才疏学浅，所编此书，一定有许多错漏，敬请大家指正。

编　者

2019 年春